새로운 일상신학이 온다

새로운 일상신학이 온다

초판 1쇄 펴낸날 2022년 10월 24일
초판 2쇄 펴낸날 2022년 12월 22일

지은이   지성근
펴낸이   박종태

책임편집 옥명호
교열   이화정
디자인   스튜디오 아홉
제작처   예림인쇄 예림바인딩

펴낸곳   비전북
출판등록 2011년 2월 22일 (제396-2011-000038호)
주소   10849 경기도 파주시 월롱산로 64
전화   031-907-3927   **팩스**   031-905-3927
이메일   visionbooks@hanmail.net
페이스북 @visionbooks   **인스타그램** vision_books_

마케팅   강한덕 박상진 박다혜
관리   정문구 정광석 김경진 박현석 김신근 정영도
경영지원 이나리 김태영

공급처   ㈜비전북

ⓒ 지성근, 2022

ISBN   979-11-86387-49-8 03230

새로운 일상신학이 온다

일상생활사역연구소장 지성근 목사의 일상신학 생활신앙 특강

지성근

강영안
서문

A Primer on Everyday Life
Theology and Spirituality

비전북

지난 31년의 결혼생활 동안

'일상신학 생활신앙'의 동반자요 격려자가 되어준

사랑하는 아내 김미혜에게

이 책을 헌정합니다.

차례

———

서문

사명의 공간, 일상을 새롭게

지난 2009년 '일상생활사역연구소'에서 〈Seize Life〉 창간호를 내면서 일상에 관한 글을 써달라는 원고 청탁이 왔다. 그때 일상의 삶은 사람이라면 어느 누구나 벗어날 수 없고(필연성), 계속 되풀이되며(반복성), 특별히 드러난 것이 없으면서(평범성), 어느 하나도 남아 있지 않고 덧없이 지나가는(일시성) 것임을 드러내면서, 일상은 우리 삶의 장소이자 시간이며 삶의 통로라는 내용의 글을 썼다.

이후 글을 연재하는 동안 '먹는다는 것' '잔다는 것' '옷 입는다는 것' '일한다는 것' '쉰다는 것' 등 우리 일상에서 마주치는 주제를 줄곧 생각해보는 기회를 가졌다. 당시 '일상의 철학'을 연재하면서 나는 일상을 세 단계로 나누어 접근했다. 우선, 일상에서 어떤 일이 일어나고, 무엇이 눈에 보이며, 어떤 것들이 나타나는지를 살펴보고자 했다('일상의 현상학'). 다음으로, 그것들이 우리 자신과 타인, 나아가 세계를 이해하는 데 어떤 방식으로 작동하는지를 알아보고자 했다('일상의 해석학'). 끝으로, 시간과 공간 안에서 타인과 더불어 살아가는 일상의 삶을 어떻게 살아야 하는지 생각해보았다('일상의 윤리학'). 이렇게 6년 동안 모두 열두 차례 일상의 주제를 다룬 글을 풀어나갔고, 그 결과물이 《일상의 철학》(세창출판사, 2018)으로 묶여 나왔다. 아마 일상생활사역연구소와 지성근 목사의 열정이 없었다면, '일상의 철학'도 내 머릿속에서 생각으로만 맴돌고 있었을 것이다.

어떤 이들은 궁금해할 것이다. 일상이 왜 그렇게 중요한지, 그리스도인 목회자와 철학자가 일상에 왜 그렇게 관심을 가지는지 말이다. 일상은 우리가 먹고 마시고 타인을 만나고 타인과 함께 살아가는 삶의 공간이다. 일상은 우리가 태어나서부터 이 땅을 떠날 때까지 살아가야 할 시간이다. 일상은 일하고 쉬고, 생각하고 행동하며, 예배드리고 찬송하며 살아가는 모든 행위가 발생하는 곳이기도 하다.

우리는 누구나 일상을 통해 살아간다. 일상을 벗어나고 싶고, 뛰어넘고 싶고, 일상과 전혀 무관하게 살고 싶은 사람도 하나같이 일상을 통해 삶을 살아간다. 신앙인이든 아니든, 가진 사람이든 가지지 못한 사람이든, 잘난 사람이든 못난 사람이든, 남성이든 여성이든, 어른이든 아이든, 사람이면 누구나 일상 속에서, 일상을 통하여, 일상의 일과 행위를 하며 살아간다.

더구나 그리스도인에게 일상은 태어났기 때문에 어쩔 수 없이 주어진 현실이 아니라 하나님께서 주신 선물인 동시에 살아내야 할 과제이다. 신자의 삶에서 일상은 보냄 받은 곳이자 일터요, 사명의 공간이다. 그러므로 이 중요한 주제를 그리스도인 목회자와 철학자가 외면할 수 없는 것은 당연하다.

《새로운 일상신학이 온다》는 오랫동안 일상생활 사역을 펼쳐 온 지성근 목사의 사역 보고라 할 만하다. 저자는 전문적인 용어를 거의 동원하지 않고, 매우 쉽게, 그야말로 대화를 나누듯이 일상의 의미를 풀어낸다. 이 책 시작부터 끝까지 줄곧 유지하는 기본 신학은 '하나님 나라 신학'이다. 이 관점에서 일상을 보고, 이 관점으로 구원과 영생을 이해하고, 이 관점을 통해 개인의 삶과 공동체의 삶을 이해한다.

저자는 철저하게 하나님 나라 신학을 기초로 하여, 마치 예레미야가 명령을 받았듯이 파내고 허무는 일과 씨뿌리고 세우는 일을 나란히 하고 있다. 잘못 심겨진 것을 파내고 잘못 세워진 건물을 허무는 일은 이 세상을 속된 것과 거룩한 것으로 이분화하는 '성속(聖俗)이원론' 및 신체와 영혼을 이분화하는 '영육(靈肉)이원론'과 관계되어 있다.

서양이든 동양이든 영지주의적 경향이나 신비주의적 경향은 신체와 관련된 것들을 죄악시하고 멀리한 반면, 언제나 '영적인 것'을 강조해왔다. 그러면서 육신으로 저지르는 죄와 인간의 탐욕과 탐심, 교만은 마치 아무 것도 아닌 듯 그냥 지나치고 말 때가 허다하다. 일상을 품는 신앙과 교회를 위해 무엇보다 최우선으로 지워야 할 잘못된 전통으로 성속이원론과 영육이원론을 지목한 것은 당연한 일이라 하겠다. 아직도 우리의 종교 행위 속에 이 두 이원론이 깊숙이 자리잡고 있음을 부인하지는 못할 것이다.

하나님 나라 신학을 기초로 저자가 파내고 허물고자 하는 또 한 가지는 편협한 구속신학이다. 예수를 믿어 죄사함 받고 구원 얻는다 할 때, 이 구원은 예수 그리스도가 머리가 되어 온 창조세계를 회복하시는 하나님의 사역을 통해 이해되어야 한다. 좁은 의미의 영혼 구원, 개인 구원에 사로잡히게 되면 기독교 신앙이 왜곡되고 훼손되거나 기독교를 오해하는 일이 발생한다. 우리는 오늘 그 현실을 생생히 목도하고 있다.

저자는 성속이원론과 영육이원론, 그리고 (창조신학이 결여된) 편협한 구속신학 이 세 가지를 하나님의 교회를 밑바탕에서부터 허물어뜨리는 '세 마리 여우'로 보고 있으며, 따라서 건강한 신학의 역할을 요청한다. (1)하나님의 창조와 인간의 불순종, 이스라엘의 선택, (2)그리스도의 성육신과 십자가 죽음과 부활, (3)예수의 승천과 성령을 보내심, 그리고 교회를 세우심, (4)예수의 재림과 부활과 심판으로 이어지는 내러티브는 결국 창조주요 구속주 되시며 만물을 회복하시는 삼위일체 하나님의 '만물 회복' 사역을 목표로 한다. 이런 의미에서 건강한 창조신학은 온전한 교회와 온전한 신학, 그리고 온전한 그리스도인의 삶으로 회복하기 위해 매우 중요하다. 저자의 시선은 이 점에 분명하게 맞추어져 있다.

이 책에서 특별히 주목을 끄는 것은 일상생활 신학을 삼위일체 신학에 기초해서 다가가고 있다는 점이다. 삼위일체 하나님의 존재와 활동 방식에 대한 이해는 하나님 형상으로 지음 받은 인간의 존재와 활동 방식, 나아가 교회의 존재와 활동 방식을 이해하는 토대가 된다. 예수 그리스도를 통해 그를 믿는 모든 사람들이 하나가 되어 삼위 하나님 가운데 거하며, 삼위 하나님이 믿는 자들 가운데 거하심으로써 믿는 자는 누구나 하나님을 아는 지식을 통해 이미 영생을 누리기 시작했다. 일상의 신학을 전개하면서 이 점을 잘 드러낸 것은 소중한 기여일 것이다. (요한복음에서 드러난) 삼위일체 안에서 연합을 이루는 신학은 (바울에게서 볼 수 있는) 예수와 함께 죽고 함께 살아나는 신학과 하나의 결을 이루고 있다. 일상의 삶은 지금 여기서, 내가 무엇을 하든지, 이제 사는 것은 내가 아니라 그리스도라고 고백하는 삶이다. 왜냐 하면 그리스도와 함께 죽고 함께 살아나 일상의 자리에서 먹고, 마시고, 일하고, 사람들을 돌보는 방식으로 사는 삶이 곧 예배요 사역이자 선교이기 때문이다.

오늘날 기독교는 큰 위기에 직면해 있다. 지난 2천 년에 걸친 기독교 역사를 볼 때나 서양과 동양 문명의 발전 역사를 볼 때, 가깝게는 코로나19로 인한 팬데믹의 고통을 볼 때, 이제 우리는 거대한 패러다임 전환을 요구받고 있다. 이 전환의 중심에 자리해야 할 것은 역시 예수 그리스도요 그리스도의 복음이다. 복음이야 말로 '오래된 미래'

이다. 나사렛 예수가 그리스도요 주이시며, 그분이 하나님의 아들이고 통치자라는 신앙 고백은 우리의 삶과 죽음과 관련하여 지금도, 그리고 미래에 더욱더 유효하다. 이 예수를 주님으로 삼아, 하나님의 백성이자 자녀로서 일상의 삶을 고통받는 이웃과 함께 살아가는 것이 개인과 공동체, 교회와 나라가 살 길이라 믿는다.

보잘 것 없고 하찮아 보이는 일상의 일을 섬세하게 들여다보고 반응하는 목회자와 성도들이 이 책을 함께 읽고 미래의 꿈을 함께 꾸면 좋겠다. 혹여 이 책을 읽고 나서 좀더 심화된 일상의 신학을 공부하기 원하는 이들에게는, '일상생활의 신학'이라는 부제가 붙은 아브라함 카이퍼의 *Pro Rege*(왕을 위하여, 전3권)를 진심으로 권한다. 네덜란드 수상을 지낸 신학자요 목회자인 카이퍼는 19세기 후반과 20세기 초반, 세속화되어가던 유럽 사회와 교회를 보면서 일상의 삶을 그리스도의 주권 아래 회복하고자 몸부림친 인물이다. 끝으로, 이 책에 실린 '기초 성경 공부'와 함께 '부록'을 잘 활용하면 소그룹 모임에 유익할 것이다. 모든 성도들과 교회 지도자들이 《새로운 일상신학이 온다》를 함께 읽고 큰 유익을 얻기를 온 마음으로 바란다.

강영안
서강대 명예교수 • 미국 칼빈신학교 교수

일상신학 생활신앙의
길잡이를 꿈꾸며

지금 이 글을 쓰는 것은 '일상생활'이라는 주제를 품고 살아온 지난 시간을 이제는 정리해야 한다는 책임감 때문입니다. 지난 2006년에 IVF(한국기독학생회) 50주년을 기념하면서, 한국 교회가 향후 50년간 집중해야 할 중요한 의제로 '일상생활의 영성'이 부상하였습니다. 그래서 그동안 제가 부산에서 하던 사역을 확대하여 IVF 중앙회 산하의 '일상생활사역연구소'가 시작되었고, 이후 꽤 오랜 세월이 흘렀습니다. 그동안 일상생활사역연구소는 IVF 내부의 연구개발(R&D) 역할을 하면서 대 교회 사역을 감당하다가, 2018년부터는 한국 교회와 사회를 위한 단체로 독립하였습니다.

그동안 연구소는 '일상생활'이라는 주제가 한국 교회에서 왜 중요한지, 그리고 이 주제를 어떻게 다룰 수 있는지의 물음 앞에서 그 답과 내용을 채우는 일에 주력하였습니다. 우선 일상생활의 신학과 영성의 학문적 기초를 형성하기 위하여 정기 연구지 〈Seize Life〉(일상생활 연구)를 18권 발간하여 학자들이 참고하거나 신학교 등에서 활용하도록 하였습니다.

또한 '일상'이라는 주제에 관한 학제 간 연구 모임인 '변방의 북소리'를 1년에 두 번씩 개최했습니다. 시중에 나온 일상과 생활을 다루는 책들을 요약하여, 그것을 가지고 다양한 지역과 그룹에서 공동체로서 상호 의식하는 모임인 TGIM(월요일을 기다리는 사람들)을 시도했습니다. 성경을 일상의 눈으로 읽고 해석하는 ELBiS Club(일상생활 성경 공부 모임)을 통해 창세기부터 시작하여 성경의 여러 책을 함께 공부하고 정리하였습니다. 한편 이 모든 것의 신학적인 기초인 삼위일체 신앙과 하나님의 선교를 연구하며 '미션얼 컨퍼런스'를 열기도 했습니다.

이제는 '일상'이라는 주제가 곳곳에서 자연스럽게 회자되는 것을 보면서 남이 알지 못하는 기쁨을 누립니다. 그리고 이 모든 노력들을 정리해야 할 시점이 되었다고 느낍니다.

2001년 IVF 졸업생 사역인 학사회 대표간사 일을 시작하고 얼마 지나지 않아 "일상생활 사역, 신학, 영성 연구소"라고 써서 인쇄하여 학사회 사무실 입구에 붙이면서 이 주제를 본격적으로 고민하기 시작했고, 20여 년이 흘러 지금 여기까지 왔습니다.

이 책은 "일상생활의 패러다임 전환"이라는 제목의 강의안에서 출발하여, 그동안 다양한 장소에서 강의하고 글로 옮긴 것을 하나의 흐름 아래 모은 것입니다. 기본적으로 하나 이상의 성경 본문을 뿌리로 하여 일상생활 사역, 일상신학과 생활신앙을 주제로 다루고 있으며 각 장 마지막에 나오는 기초 성경 공부는 생각을 정리하는 차원에서 읽으면 좋을 것입니다. 기초 성경 공부는 귀납적 성경 연구의 관찰 방법을 간략하게 사용하도록 엮었습니다. 여기에는 일상신학과 생활신앙이 결국은 성경으로부터 출발하지 않으면 안 된다는 일종의 믿음이 깔려 있습니다.

이와 관련하여 부록에 '일상생활 성경 공부'에 관한 안내를 담았습니다. 일상의 눈으로 성경을 볼 때, 자기 시대 속 일상을 살아간 성경의 저자들에게 주어진 하나님의 말씀이 지금 이곳에서 일상을 살아가는 우리의 삶과 생각에 변화와 상상력을 더하는 것을 경험할 수 있습니다. 이것이야말로 일상신학과 생활신앙의 기초가 될 것입니다.

이 책은 다음과 같은 일곱 가지 주요한 주제 의식을 가지고 장별로 구성하였습니다.

1. 지금 우리는 바벨론 포로기와 같은 엄청난 **패러다임** 전환의 시기에 살고 있다.
2. **일**을 비롯한 우리의 일상생활이 곧 예배이고 **사역**이며 선교다. 예배, 사역, 선교를 일 혹은 일상생활과 분리해서는 안 된다.

3. 이런 관점을 위해 성경적 **복음과 구원**을 올바르게 이해하는 일이 중요하다.

4. 복음을 왜곡하는 거짓된 가르침은 우리에게 바른 **신학**적 성찰을 요구한다.*

5. 신학적 기초인 삼위일체 하나님과의 바른 관계가 일상생활 **영성**의 기초다.

6. 일상생활의 신학과 영성, 생활신앙을 강조하고 격려하는 **교회**가 필요하다.

7. 우리를 보내신 일상생활의 자리를 중요하게 여기는 미션얼 교회(missional church)는 하나님의 **선교**, 하나님 백성의 선교를 지향한다.

패러다임, 일과 사역, 복음, 신학, 영성, 교회, 선교 중 마지막 여섯 번째와 일곱 번째 주제는 더 깊게 논의해야 하는 주제이기에, 아마도 또 다른 한 권의 책이 필요할 것입니다.

책 제목인 "새로운 일상신학이 온다"는, 2018년 연구소의 독립과 새로운 시작을 알리는 공식 캐치프레이즈 "새로운 일상신학이 온다"에서 가져왔습니다. 같은 해에 이 책의 초고를 썼습니다. 그 후 2019년 말부터 전 세계에 거대한 그림자를 드리운 코로나19 시기는, 어떤 의

---

* 부록 II는 신학적 성찰(theological reflection)의 예를 모았습니다. 조직신학의 다양한 주제를 일상신학의 관점에서 성찰한다는 것이 어떤 것인지를 볼 수 있습니다.

미에서는 지난 20년간 일상신학과 생활신앙을 연구하고 보급해 온 연구소의 관점에서 볼 때 급진적인 변화가 일어난 시기였습니다.

역사를 움직이시는 분의 '한 번의 흔드심, 그 진동'으로 갑자기 사람들의 의식과 삶 속에서 일상신학과 생활신앙이 구체적 현실이 되었습니다. 코로나 이후 맞이할 '새로운 일상' 이야기와 함께 신앙생활에서 일상과 생활을 강조하는 흐름이 형성되고 있음을 보니 고마운 마음이 듭니다.

동시에 새롭게 일상신학과 생활신앙의 걸음을 걸어가기 시작한 길동무들에게 조금 앞서 이 길을 걸어가는 탐구자로서 일종의 길잡이 역할을 할 수 있겠다는 소망도 다시 생겼습니다. 그런 점에서 새로운 시대에 다시 한 번 일상신학, 생활신앙의 도래를 외치는 길잡이로서 이 책이 유익이 있길 바랍니다.

책이 나오기까지 일상생활사역연구소에서 함께 울고 웃고, 먹고 자고, 놀고 일하였던 동료 연구원들의 노고를 기억합니다.

'일상학교' 정한신 박사, '청년, 함께' 차재상 목사, '청사진' 박태선 목사, '변방의 북소리' 류재한 박사, '러빙워드' 엄태영 형제에게 고마움을 전합니다. 더불어 최근까지 동역하다가 독립하여 새로운 걸음을 걷고 있는 '에코'(에듀컬 코이노니아)의 김종수 목사와 '독서교육 라(羅)'의 홍정환 목사에게도 감사를 표합니다.

아울러 연구소의 출발부터 지금까지 소리 없이 기도와 물질로 후

원해주고 계시는 후원자들의 신실한 사랑에 무한한 감사를 표하지 않을 수 없습니다. 마지막으로 늘 모험의 길을 선택하는 남편 옆에서 존재 자체로 격려와 힘이 되어주는 아내 김미혜에게 사랑과 감사를 전합니다.

일상신학 생활신앙의 패러다임 전환

'저분은 내 삶과 관계없는 이야기를 하고 있구나!'

청중들의 눈빛이 이렇게 말하는 것 같았습니다. 예상 밖의 반응에 저는 매우 당황했습니다. 앞에 서서 강의나 설교를 해본 사람이라면 알겠지만, 제가 하는 말이 사람들에게 받아들여지지 않는다는 것을 느낄 수 있었습니다. 적어도 유학 생활의 3분의 1 이상의 시간, 1년에 걸친 예레미야서 연구의 결과를 갖고 메시지를 구성하였습니다. 게다가 청중들은 제가 3년 전에 가르쳤던 학생들이고, 비록 대학을 졸업했지만 저는 이들의 삶을 누구보다도 잘 알고 있다고 생각하였습니다. 그들은 이미 대학을 졸업했으니, 자신의 일터와 전문 분야에서 그리스도인으로서 어떻게 살아야 하는가를 이야기하면 되겠다고 생각하여 열심히 메시지를 준비했습니다. 그런데 설교 후 돌아온 반응은 예상과 달리 매우 차가웠습니다.

새로운 관점

선교 단체의 간사로 사역하다가 3년의 안식년을 허락받고 유학을 다녀왔습니다. 안식년을 마치고 돌아오면 졸업생을 위한 사역을 해달라고 부탁도 받았습니다. 그래서 대학을 졸업한 후 각자의 일터와 전문 분야에서 그리스도인으로서 어떻게 살아야 하는지를 주제로 잡고 이야기할 거리를 준비하려 했습니다.

대학을 졸업하면 직장에 들어가 일하는 것, 그것도 자기 전문 분야에서 평생직장에 들어가 일하는 것이 당연하던 시절이 있었습니다. 그러나 1980년대 이후로는 대학을 다니고 졸업하는 것이 더 이상 특별한 일이 아니었습니다. 대학교가 늘어나고 대학을 졸업하는 사람도 많아졌습니다. 그러면서 차차 '지성 사회 복음화'를 외치는 선교 단체의 구호가 어색해지기 시작했습니다. 대학을 졸업한다고 해서 전문인이 되는 것도 아니었습니다.

게다가 제가 해외에 나가 있던 기간은 극심한 경제적 위기를 경험하고 IMF(국제통화기금)의 관리 감독을 받으며 한국 사회 전체가 신음하던 시기였습니다. 취업 시장이 급격하게 얼어붙었고, 취업이 어려워 휴학을 하여 졸업을 미루거나 어쩔 수 없이 대학원에 진학하는 청년들도 많았습니다.

제가 유학을 마치고 돌아와서 말씀을 나누는 자리에 앉아 있던 친구들도 그랬습니다. 대학을 졸업했으나 취직하지 못하고 오랫동안 구직 생활을 하며 헛헛한 마음으로 그곳에 와 있었던 것입니다. 전문 직종은 고사하고 직장조차 없는 이들을 앞에 두고 졸업생 사역이라면서 '직장 사역'과 '전문 영역 운동' 이야기를 실컷 늘어놓았으니, 참석한 이들이 시큰둥한 반응을 보일 수밖에요. 그날 모임에 참석한 이들은 민족, 국가, 하나님 나라 같은 거창한 이야기를 나누며 무언가 의미 있는 일을 하겠다고 꿈꾸던 대학생 때와는 달리 아무 의미도 없어 보이는 하루하루를 보내고 있었습니다. 아무리 일하고 싶어도 일할 곳을 찾기 힘들어 지난한 시간을 보내고 있는 이들이었습니다.

그날 밤 집에 돌아가서 함께 나누었던 성경 본문을 다시 읽어보았습니다. 예레미야서 1:1-10의 말씀이었습니다.

베냐민 땅 아나돗의 제사장들 중 힐기야의 아들 예레미야의 말이라 아몬의 아들 유다 왕 요시야가 다스린 지 십삼 년에 여호와의 말씀이 예레미야에게 임하였고 요시야의 아들 유다의 왕 여호야김 시대부터 요시야의 아들 유다의 왕 시드기야의 십일년 말까지 곧 오월에 예루살렘이 사로잡혀 가기까지 임하니라 여호와의 말씀이 내게 임하니라 이르시되 내가 너를 모태에 짓기 전에 너를 알았고 네가 배에서 나오기 전에 너를 성별하였고 너를 여러 나라의 선지자로 세웠노라 하시기로 내가 이르되 슬프도소이다 주 여호와여 보소서 나는 아이라 말할 줄을 알지 못하나이다 하니 여호와께서 내게 이르시되 너는 아이라 말하지 말고 내가 너를 누구에게 보내든지 너는 가며 내가 네게 무엇을 명령하든지 너는 말할지니라 너는 그들 때문에 두려워하지 말라 내가 너와 함께 하여 너를 구원하리라 나 여호와의 말이니라 하시고 여호와께서 그의 손을 내밀어 내 입에 대시며 여호와께서 내게 이르시되 보라 내가 내 말을 네 입에 두었노라 보라 내가 오늘 너를 여러 나라와 여러 왕국 위에 세워 네가 그것들을 뽑고 파괴하며 파멸하고 넘어뜨리며 건설하고 심게 하였느니라 하시니라

저는 모임에서 이 말씀을 가지고 판에 박힌 해석과 적용을 늘어놓았던 것입니다. 말하자면 소명이 중요하고 하나님의 음성을 잘 듣는 삶이 중요하다는 식의 적용을 한 셈이지요. 어린 예레미야가 하나님의 말씀을 들었던 것처럼 말씀을 듣는 묵상의 시간이 중요하다느니, 하나님께서 예레미야에게 두려워하지 말라고 약속하신 것처럼 여러분에게도 약속의 말씀을 하시니 두려워하지 말고 하나님을 의지하라느니, 그들이 교회에서 늘 듣던 소리를 저 역시 길게 늘어놓은 것입니다.

그날 밤 모임에 참여했던 이들의 정황을 생각하면서 본문을 다시 보았습니다. 그러자 그때까지 눈에 들어오지 않던 것들이 보이기 시작했습니다.

예레미야의 패러다임 전환

예레미야는 종교적인 일이 익숙한 제사장 집안에서 태어나고 자랐습니다. 중앙 성소인 예루살렘 성전 소속의 제사장은 아닐지라도 그가 제사장으로서 평생 종교적인 일을 할 것이 당연했습니다. 그런데 예레미야를 그 뻔한 종교적인 자리에서 불러내어 그가 그동안 관심을 기울이지 않아도 되었을 세계화의 이슈를 다루는 자리로 이끄시는 하나님의 부르심이 눈에 보이기 시작했습니다.

하나님께서 '여러 나라의 선지자'로 세우려는 부르심은 예레미야 당시의 패러다임으로는 상상조차 못 할 일이었습니다. 그래서 그는 부르심을 거부합니다.

"하나님이 저를 어려서부터 잘 아신다면 우리 민족의 제사장으로 평생 살도록 부르시는 것이 옳습니다. 전혀 준비되지 않은 저를 고대 제국의 각축장, 일종의 세계화의 길에, 이집트와 바벨론을 포함하여 여러 나라의 선지자로 부르시다니, 이건 제게 맞지 않는 일이고 제가 이해할 수도 없어 슬프기까지 합니다."

하나님이 예레미야를 열국의 선지자로 부르신 것은 그가 자신의 패러다임을 완전히 바꾸지 않으면 안 되는 그런 부르심이었습니다. 종교적인 자리에서 세속 역사의 자리, 일상의 자리로 가라는 보내심이었습니다. 그것을 알기에 예레미야는 "나는 아이입니다. 말할 줄도 모릅니다"(렘 1:6)라면서 거부 의사를 밝힌 것입니다. 하지만 하나님께서는 늘 그렇듯, 하나님의 사람들을 독려하는 전형적인 방식으로 패러다임의 전환이 필요한 예레미야를 격려하십니다. 새로운 관점으로 새로운 삶을 보고 살아가게 하십니다.

결국 이 소명에 반응한 예레미야는 평생 눈물을 흘리며 그 보내심을 감당하는, 소위 '눈물의 선지자'가 되었습니다. 그 자신의 소명이 종교적인 자리에서 일상과 세계화의 자리로 변화된 것처럼, 하나님이 당신의 백성들에게 원하시는 바 곧 패러다임과 삶의 변화를 촉구하며 평생을 살았기 때문입니다.

새로운 관점으로 성경을 보다

새로운 관점으로 예레미야서를 계속 들여다보았습니다. 요시야 왕이 성전을 청결하게 하고 재건하여 성전 종교 부흥 운동이 일어났습니다. 그러나 여기에서 부정적인 결과도 촉발되었습니다. 하나님의 백성들은 일상적인 삶 속에서는 하나님의 의를 추구하지 않고서 오직 종교적인 시간과 장소에서만 신앙적인 감동을 추구하고 열광적 신앙의 모습을 보인 것입니다.

이런 이스라엘을 향하여 예레미야는 "너희는 이것이 여호와의 성전이라, 여호와의 성전이라, 여호와의 성전이라 하는 거짓말을 믿지 말라"(렘 7:4)라고 통렬히 외칩니다. 시간적으로는 성일에, 공간적으로는 성전에, 행위적으로는 제사 행위에 하나님을 가두어버리는 모습을 강력하게 비판합니다. 예레미야는 하나님의 마음을 반영하여, 만일 이대로 살면 하나님의 백성은 결국 바벨론의 포로가 될 것이라고 예언합니다. 이 예언 때문에 나라 팔아먹은 매국노 취급을 받아도 하나님의 마음을 알게 된 이상 전하지 않을 수 없었습니다. 심지어 이국땅에서 포로가 되어 사는 이들에게도 이렇게까지 이야기합니다.

> 만군의 여호와 이스라엘의 하나님께서 예루살렘에서 바벨론으로 사로잡혀 가게 한 모든 포로에게 이와 같이 말씀하시니라 너희는 집을 짓고 거기에 살며 텃밭을 만들고 그 열매를 먹으라 아내를 맞이하여 자녀를 낳으며 너희 아들이 아내를 맞이하며 너희 딸이 남편을 맞아 그들로 자녀를 낳게 하여 너희가 거기에서 번성하고 줄어들지 아니하게 하라 너희는 내가 사로잡혀 가게 한 그 성읍의 평안을 구하고 그를 위하여 여호와께 기도하라 이는 그 성읍이 평안함으로 너희도 평안할 것임이라 (렘 29:4-7)

예레미야가 이렇게 이야기한 것은 하나님의 심정을 잘 알았기 때문입니다. 하나님은 당신이 택하신 백성 이스라엘이 하나님 섬기는 것을 시공간적으로 그리고 특정한 행위 안에 가두는 행태, 신앙을 특정한 영역이나 특별한 삶으로 제한하는 문제를 본격적으로 다루기를 원하셨습니다. 그런 의미에서 바벨론 포로 경험은 바로 이러한 '다루심의 사건'이었습니다.

바벨론 포로 경험이 한편으로는 하나님의 징계와 징벌처럼 보입니다. 그렇지만 모든 형태의 징계가 그렇듯이, 이 일도 징벌과 함께 경계(警戒) 즉 일종의 가르침과 교정을 위한 일이었습니다. 하나님은 종교적인 자리에서만이 아니라 일상생활에서도 하나님이심을, 예루살렘과 그 성전에서만 찬양받는 분이 아니라 더 넓은 세계인 바벨론 강가에서도 높임을 받는 분이심을, 종교적 언약 관계를 맺은 이스라엘 역사의 주인일 뿐 아니라 세계의 역사를 주관하고 운행하는 분이심을 경험적으로 깨달은 사건이 바벨론 포로 사건이었습니다. 예레미야의 패러다임 전환은 하나님의 백성인 이스라엘의 패러다임 전환을 보여주는 모형이었습니다.

패러다임 전환이 필요한 시대

전에 보이지 않던 내용이 그날 밤에야 제 눈에 보이기 시작했습니다. 저에게도 패러다임 전환이 임한 것입니다. 가만히 생각해보면, 저도 그날 저녁에 예레미야처럼 새롭게 부름을 받았습니다. 선교 단체 간사 혹은 목사로서의 종교적인 틀을 넘어서서 일상생활의 문제, 세계화와 생활세계의 문제로 부르시는 하나님의 음성을 들은 것입니다. 그동안 성경을 읽고 해석하거나 그 해석을 자신과 청중의 삶에 적용하면서 저 역시 종교적인 한계에 갇혀 있었습니다.

그날 모임에 가서도 교회 안에서 혹은 선교 단체의 모임 안에서 상식적으로 통용되던 생각과 말을 대단한 것이라도 되는 것처럼 이야기하였지만, 실상은 냉혹한 세계화의 틈바구니에서 힘들게 구직 생활을 하거나 의미 없어 보이는 가사와 육아 같은 일상의 허드렛일 속에서 살아가는 이들에게는 그 말들이 아무런 힘도 의미도 되어주지 못했습니다. 그것을 깨닫는 순간, 하나님이 예레미야를 부르시고 '여러 나라의 선지자'로 보내셨던 것처럼 그날 밤 저를 '일상생활과 허드렛일 생활세계의 선지자'로 부르셨습니다.

저는 그날 저녁을 잊지 못합니다. 그 후로 저는 선교 단체 졸업생들에게 각자의 일상생활과 의미가 없어 보이는 허드렛일이 가득한 생활세계가 바로 하나님이 일하시는 현장이며 예배의 자리라는 관점을 나누고 격려하기 시작했습니다. 당시 부산 지역 IVF 학사회 홈페이지에 "범일동에서"라는 코너를 만들어 매일 칼럼을 쓰고, 그 내용을 다시 메일로 보내면서 날마다 이런 관점을 나누었습니다. 그러자 그날의 설교와는 달리 일상생활을 살아가는 졸업생들이 뜨거운 반응을 보였습니다. 이렇게 '일상생활 사역'이 시작되었습니다.

일상생활사역연구소가 공식 출발을 할 때 취지문을 이렇게 썼습니다.

뿌리 깊은 영육이원론과, 공적인 세계와 사적인 세계를 구분하는 이분법적 사고가 한국 교회의 영성과 관점에 지대한 영향을 미쳤다. 그리하여 공간적으로는 교회당을, 시간적으로는 주일을 중심으로 신앙생활과 사역이 이루어진다. 교회당과 그리스도인의 모임에 대한 헌신이 주되심의 전부인 양 강조될 때, 교회당 바깥에서의 삶과 '나머지 6일'의 삶에서 하나님을 주님으로 인정하지 않게 된다. 그러나 삼위 하나님은 모든 공간, 모든 시간에서 주님이셔야 한다. 이것이 일상생활을 사역으로, 예배로, 섬김으로 이해해야 할 신학적인 당위다.

이 취지문과 같이 오늘 우리 시대의 일상신학과 생활신앙을 위해서는 반드시 관점의 변화, 패러다임의 전환이 필요합니다. 예레미야의 패러다임 전환이 바벨론 포로 시대에 꼭 필요했던 것처럼, 바벨론 포로 시대와 유사한 후기 기독교 시대를 살아가는 오늘의 우리에게도 일상신학과 생활영성을 위한 일상생활 사역으로 패러다임 전환이 필요합니다.

개인과 그룹을 위한 기초 성경 공부

(예레미야 1:1-10)

1. 예레미야의 출신 성분(1절)과 하나님의 부르심(5, 10절)을 비교해봅시다. 각각의 직종, 역할은 무엇이며 관점에는 어떤 차이가 있을지 생각해봅시다. ('부록 Ⅲ'의 예시 참조, 197쪽)

예레미야 1:1-10	출신 성분	부르심
직종		
역할		
관점(패러다임)		

2. 하나님께서 예레미야를 부르시고 일하게 하신 역사적 시기(2, 3절)를 살펴봅시다. 이 시기에 예레미야는 왜 하나님의 부르심에 부정적인 반응(6절)을 보였을까요?

3. 예레미야의 관점 변화와 관련하여 예레미야 29:4-7을 참고하면 도움이 됩니다. 바벨론 포로 생활을 향한 예레미야의 메시지가 우리의 일상생활에 주는 도전이 무엇인지 생각하고 나누어봅시다.

4. 이 장을 읽고 느끼고 결심한 바가 있다면 한 문장(one sentence) 기도문으로 기록해봅시다.

2장

사역

사역

일상이 곧 사역이다

'일상생활'에 대한 생각이 바뀐 후, 바뀐 생각과 관점으로 이야기하기 시작하자 사람들이 반응을 보이고 공감하기 시작했습니다. 그동안 우리가 경험한 한국 교회의 분위기가 예레미야 시절 예루살렘 성전 종교에 몰입해 있던 유다 백성과 비슷했기 때문입니다.

"사역자들은 우리를 교회의 숫자를 채우는 도구로 생각하지, 우리의 영적인 필요를 채워줄 생각은 하지 않는 것 같아요. 주일날 교회에 가면 아이들이 예배를 방해하지 않도록 유아실에서 예배를 드리는데, 그곳은 마치 시장처럼 소란스럽고 정신이 없어 말씀도 잘 듣지 못합니다. 그렇게 교회에 다녀오면 허탈해지기까지 해요. 가뜩이나 아이 키우는 동안 내 신앙은 한없이 퇴보하는 것 같고 의미 없는 삶을 살아가는 것 같은데 말이에요. 교회에서 봉사나 주일학교 사역 혹은 성가대 사역을 못 하니 목회자들의 관심도 우리에게서 멀어지는 것 같아요. 이렇게 30대가 흘러가는 것인가요?"

아이를 낳고 키우는 일을 반복하는 것이 의미 없어 보인다는 30대 주부의 이야기입니다.

"오늘 젊은 부목사님한테서 전화를 받았어요. 특별새벽기도회에 나오지 않는다고 압박을 받았는데 그러고 나니 마음이 좋지 않았어요. 우리 의사들은 새벽에 일찍 출근해서 최신 의료 지식에 관한 스터디를 하고 진료를 시작할 만큼 하루를 일찍 시작합니다. 사실 저는 그보다도 더 일찍 출근하여 잠시라도 말씀을 묵상하고 기도하며 하루를 시작하거든요. 이런 제 삶의 리듬을 그 부목사님은 잘 모르실 텐데, 새벽기도회에 나오지 않는다는 사실만 가지고 제 신앙을 멋대로 판단하는 것 같아서 기분이 썩 좋지는 않았습니다. 새벽부터 밤늦게까지 일하는 우리 같은 사람들이 교회에 가서 뭔가를 하지 않는다고 2등 신자 취급하는 것은 잘못된 일이 아닐까요?"

50대 초반의 의사가 제게 한 푸념입니다.

여기서 우리는 '사역' 혹은 '사역자'라는 말이 매우 좁은 의미로 이해되고 사용된다는 점을 발견 할 수 있습니다. 교회 안에서 하는 일이나 교회와 관련된 일에는 '사역'이라는 말을 사용하지만, 교회 밖 곧 일터를 비롯하여 일상생활의 공간에서 하는 일은 이 말과 연관이 없다는 통념이 깔려 있습니다.

이러한 통념에도 불구하고 일상생활과 사역의 연결 관계를 이해하는 일은 매우 중요합니다. 그런 의미에서 일상생활사역연구소(Institute for Everyday Life as Ministry)라는 명칭은 일상생활과 사역의 관계에 대한 관점을 표현한 것이라고 할 수 있습니다. 여기서 '사역' 대신에 '예배' '신앙' '선교'라는 단어를 넣어도 별문제 없이 호환된다고 생각합니다.

일상생활'과'(and) 사역

일상생활과 사역의 연결 관계를 이해하기 위해 직장사역연구소의 방선기 목사가 제안한, 비즈니스와 선교(Business and Mission)의 관계를 이해하는 네 가지 방식에서 도움을 받을 수 있을 것입니다.*

첫 번째는 '일상생활과 사역'(everyday life and ministry)이라는 이해 방식입니다. 한국 교회 성도들 대부분이 이런 식으로 둘을 연결합니다. 일상생활과 사역 혹은 신앙을 서로 관계가 없는 각각의 영역이라

---

* 폴 스티븐스, 홍병룡 옮김, 《하나님의 사업을 꿈꾸는 CEO》, IVP, 2009, 114. 폴 스티븐스가 이 책에서 방선기 목사의 제안을 소개하고 있습니다.

여깁니다. 일상생활에는 일상생활의 법도가 있고 사역 혹은 신앙생활에도 따로 그 법도가 있다는 태도를 가진 사람이 많습니다. 그래서 사회에서 사는 방식과 교회에서 행동하는 방식이 철저히 달라도 어색함을 느끼지 못합니다.

교회에서는 소위 '사역' 혹은 '사역자'를 매우 중요하게 여깁니다. '사역'이란 교회에서 하는 일, 종교적인 일을 일컫는 말입니다. 그래서 '사역자'는 교회에서 일하는 사람 혹은 종교적인 일을 하는 사람, 즉 목사, 전도사, 선교사와 같은 전임 사역자들을 일컫는 말로 사용합니다. 혹은 일반 성도들이 교회와 관련 있는 종교적인 일을 할 때 자신이 '사역'을 한다고 말합니다. 찬양 팀에서 봉사하면 '찬양 사역'을 한다고 하고, 주일학교에서 봉사하면 '주일학교 사역'을 한다고 말합니다.

그런데 사역(ministry)이란 말은 원래 모든 형태의 '일'을 말하는 것입니다. 군대에 가면 '사역'은 곧 '일'입니다. 그런 점에서 '사역'이란 단어의 원래 의미를 잘 드러내는 곳은, 우습지만 교회가 아니라 오히려 군대인 것 같습니다.

오래전에 나온 〈투캅스〉(1993)라는 영화에 배우 안성기가 출연합니다. 영화 속에서 그가 맡은 역할은 경찰관입니다. 그것도 후배 경찰관인 배우 박중훈이 보기에도 썩어빠진 비리 경찰관입니다. 주중에 온갖 비리를 저지르며 돈을 모으면서도 일요일이 되면 교회에 갑니다. 교회에 갈 때는 비리 경찰관으로서의 비열함이 사라지고 180도 바뀌어, 세상에 그보다 경건한 사람은 없을 듯한 표정을 짓습니다. 그는 교회에서 매우 경건하게 예배를 드리며, 비리를 저질러 모은 돈으로 두둑이 헌금하여 죄책감을 덜어버립니다. 그런 다음 교회를 나서면 그는 또다시 아무 거리낌 없이 비리 경찰관으로 돌아갑니다. 일상생활과 신앙, 삶과 사역을 분리하는 전형적인 모습을 보여주는 대목이라고 생각합니다.

안타깝게도 지금 교회를 다니는 사람들 대다수도 기본적으로는 이런 모습과 그리 다르지 않습니다. 교회 장로나 집사라고 하면서 남들보다 권모술수에 더 능하다고 소문난 사람들이 있습니다. 이런 사람들 때문에 영화 〈밀양〉이나 〈친절한 금자 씨〉에서 기독교를 부정적으로 그리는 것입니다. 이중적인 잣대를 가지고 일상생활은 일상생활로, 신앙생활은 신앙생활로 무의식적으로 분리하여 사는 자칭 그리스도인들 때문에 복음이, 그리고 교회가 수치를 당하고 있습니다.

사역을 '위한'(for) 일상생활

일상생활과 사역(혹은 신앙)을 연결하는 두 번째 이해 방식은 일터나 가정과 같은 일상생활이 사역(신앙생활)을 '위해' 존재한다고 여기는 것입니다(everyday life for ministry). 모든 일의 초점과 목표를 소위 '사역'에 맞추는 태도입니다. 이렇게 말하면 매우 헌신하는 태도, 권장할 만한 태도처럼 들리고 보이기도 합니다. 그런데 사실은 이런 방식으로 살아가는 자칭 그리스도인들 때문에 교회가, 복음이, 하나님이 더욱 수치를 당합니다. 왜 그런지 찬찬히 생각해봅시다.

이런 방식으로 생각하고 살아가는 다수의 사람은 자신의 직업이나 일상생활을 복음 전도나 교회 일을 위한 수단으로 생각합니다. 예를 들어, 이런 방식으로 살아가며 신앙이 좋아 보이는 초등학교 선생님이 있다고 합시다. 이 선생님은 초등학교 교사로서 자신의 사명은 자기가 맡은 어린이들에게 복음을 전하는 것이라고 생각하여 이를 공공연하게 표현합니다. 수업 시간에도, 방과 후 수업이나 특별 활동 시간에도 아이들에게 복음 전하는 것을 최우선 순위에 둡니다. 그러다 보니 자신의 우선순위에 반응을 잘하는 학생에게는 우호적이지만 그렇지 않은 학생에게는 무의식적으로든 의식적으로든 반감을 품습니다. 자기 학생들을 불공평하게 대하는 것입니다. 어릴 때부터 이런 '예수 믿는' 선생님을 본 어린이들은 이후로 예수를 믿는다는 것을 어떻게 생각할까요? 그 아이들에게 예수를 믿는다는 것은 고집스럽고 배타적이며 공평하지 못한 태도일 것입니다.

어쩌면 교회에서 목회자들이 상대하기에 가장 쉽고 가장 좋아할 만한 캐릭터가 이처럼 삶의 모든 목표와 초점을 신앙과 사역에 맞추는 사람들일지도 모릅니다. 그러나 실상 이런 사람들 때문에 복음과 기독교에 대한 오해, 심지어 하나님에 대한 오해가 쌓여왔습니다. 초등학교 교사라면 마땅히 교과를 정확히 파악하고 알려주는 일이 가장 중요하지만, 동시에 학급에서 무엇이 공평과 정의인지 보여주는 일,

학교에서 아이들과 관계를 맺고 사랑하는 방식을 자신의 삶으로 보여주는 일 또한 우선되는 사명일 것입니다.

이와 마찬가지로 의사라면, 그 직업을 통해 복음을 전하고 선교하는 것보다 병을 잘 진단하고 약을 적절하게 처방하며 적절한 의학적 조치를 하는 것이 제일 중요한 사명입니다. 우스갯소리로 많이 하는 이야기입니다만, 만약 여러분이 큰 병에 걸려 수술을 해야 한다면, 수술 성공 확률이 거의 100퍼센트인 안 믿는 의사에게 수술을 맡기겠습니까, 아니면 실력이 부족해서 수술 성공 확률은 낮지만 전도와 선교에 열심인 기독교인 의사에게 맡기겠습니까? 직장인은 직장에서 요구하는 전문적인 역할을 잘 수행하여 사회에 기여하고 사명을 감당해야 합니다. 그런데 이런 중요한 사명은 뒤로 미루고 소위 '사역' 즉 교회와 관계된 일, 신앙적인 일에 매진하는 것은 매우 무책임한 행동이며 그 자체로도 볼썽사납습니다.

저는 젊은이들과 일하면서 종종 안타까운 사연을 접합니다.

한번은 교회 집사면서 회사를 경영하는 사장의 이야기를 들었습니다. 그는 교회에 다니는 청년들이 취업하지 못하는 것을 안타깝게 여겨 자기 회사에 여러 명 채용했다가 낭패를 보았다고 합니다. 그 청년들은 직장생활도 교회 중심으로 하여 야근이 필요하거나 반드시 책임을 져야 하는 순간에도 교회 모임에 참석해야 한다는 이유로 빠지고 피하는 모습을 자주 보였고, 믿지 않는 직장 동료들이 그런 모습을 무척 싫어했습니다. 그런 상황을 지켜보는 경영자인 자신도 매우 곤혹스러웠다며, 앞으로는 교회에 열심(?)인 청년은 안 뽑겠다고 하였습니다.

왜 이런 현상이 일어날까요. 그 이유는 분명합니다. 헌신하는 삶에 대해 교회에서 가르치는 내용이 비뚤어져 있기 때문입니다. 직장과 일상생활을 포함하여 모든 것이 소위 '사역'을 위해 존재하는 것처럼 사는 삶이 참된 헌신이라고 배웠기 때문입니다. 젊은이들을 포함하여 그런 관점에 익숙한 이들은 자신의 일이나 직장, 가정, 친구 관계, 그 외 모든 일상생활까지 복음 전도와 교회에서의 신앙생활을 위한 도구로 전락시킵니다. 이들은 교회에는 정말 헌신적이지만 복음과 하나님의 뜻에는 오히려 누가 되는 결과를 낳고 맙니다.

일상생활 '속'(in) 사역

일상생활과 사역(혹은 신앙)을 연결하는 네 가지 이해 방식 중에서 세 번째는 앞의 태도들보다 진전된 것처럼 보입니다. 그것은 '일상생활 속의 사역'(ministry in everyday life)을 추구하는 것입니다. 집에서 가정 예배를 드리는 것, 일상생활 가운데 시간을 내서 전도나 봉사를 하는 것, 직장에서 한 주에 한 번 신우회로 모여 예배를 드리는 것, 학교에서 정기적으로 기도 모임이나 예배 모임을 가지는 것 등이 여기에 해당합니다.

저는 먼저, 지금 언급한 이 모든 사례가 참 아름답고 권장할 만한 일이라고 말하고 싶습니다. 실제로 헌신하는 많은 그리스도인이 가정 예배를 귀하게 여기고, 자신이 속한 학교나 직장에서 그리스도인의 모임을 만들어 함께 기도하고 예배하며 적극적으로 전도하고 제자 삼는 사역을 하고 있습니다. 이러한 모습을 지켜보는 것은 매우 고무적이고 도전을 받는 일입니다. 저도 아침저녁으로 가정 예배를 드리는 집안에서 자랐고, 선교 단체를 통해 그리스도인의 모임을 만들고 참여하며 운영하는 일을 계속해왔습니다. 또한 여러 신우회를 방문하여 말씀으로 돕기도 하고, 몇 년간은 한 달에 한 번 작은 중소기업에서 드리는 예배 모임을 말씀으로 섬기기도 했습니다. 그런 가운데 정말 신실하고 닮고 싶은 믿음의 사람들도 많이 만났습니다.

동시에 이런 경험을 통해서 반드시 짚고 넘어가야 할 부분이 있다는 것도 깨달았습니다. 이런 '일상생활 속의 사역' 추구가 여전히 '사역'을 교회와 관계된 일, 종교적인 일로 제한하고 있다는 사실입니다. 그러니까 결국은 주일에 교회당에서 하던 일들을 평일에 가정과 학교와 직장에서 거의 똑같이 반복 재생 한다는 것입니다.

이렇게 하면 믿는 사람들은 유익을 얻을 수 있겠지만, 그리스도인과 그리스도인 모임, 공동체의 존재 이유인 타자를 위한 삶, 곧 세상의 복이어야 하는 존재 이유에서 멀어지는 결과를 낳을 때가 많습니다. 특히 힘을 가진 분들이 가정이나 학교나 직장에서 이런 사역을 주

도할 때면 어쩔 수 없이 그 자리에 참석해야 하는 사람들이 선한 영향을 받기도 하지만, 그보다 부정적인 감정을 가지게 되는 경우를 더 많이 보았습니다.

무엇보다도 가정과 학교와 직장과 동네 같은 일상 세계에서 사역을 앞세워 다른 세계를 살아가고 있으니, 선교 단체나 신우회 자체는 잘된다고 생각할지 모르겠습니다. 하지만 정작 보냄 받은 그곳에서는 그리 환영받지 못하는 사람들로 치부되는 사례가 제법 많습니다. 보냄의 의미가 사라져버린 것입니다.

또 이런 방식에 익숙해지면 새로운 환경에 처했을 때 그곳에 '일상생활 속의 사역'이 없다면 독립적으로 아무것도 할 수 없는 그리스도인이 됩니다. 그러면 자연스럽게 첫 번째 방식, 즉 일상생활은 일상생활대로 사역은 사역대로 분리하는 방식을 취할 가능성이 커집니다. 반대로, 만약 성정이 적극적이어서 일상생활 속에서 모임을 만들어내며 일종의 '일터 사역자'라 불리던 사람이라면 실제로는 그 삶의 양태와 태도는 두 번째 이해 방식, 즉 '사역을 위한 일상생활'의 태도로 살아갈 가능성이 커집니다.

스가랴의 이해 방식

앞서 살펴본 세 가지 이해 방식이 각각 다른 것 같지만 공통된 관점을 공유하고 있습니다. 바로 '사역'을 좁게 생각한다는 것입니다. 종교적인 직업을 가진 사람들이 하는 일, 혹은 교회 안에서 하는 일, 주일이라 불리는 일요일에 하는 일이나 그리스도인 모임을 위해 하는 일만 '사역'이라고 부르며 의미를 제한합니다. 여기서 '사역'이라는 단어를 '신앙' '예배' '헌신' '사명' '선교'로 바꾸어도 마찬가지입니다. 이런 단어를 단지 종교적인 것, 소위 거룩한 것과만 결부시키는 것이 문제입니다.

여기서 잠깐 구약 성경의 거의 마지막 부분인 스가랴서를 보려고 합니다. 성경 계시의 발전 속에서 종교적인 영역에만 국한되었던 단어들의 이해가 어떻게 확장되었는지를 살펴보는 것이 도움이 될 것입니다.

스가랴 선지자는 성전 재건을 외친 학개 선지자와 동시대 인물로 알려져 있습니다. 학개 선지자의 선포는, 겉으로 볼 때는 성전 재건의 당위성을 강조하는 것 같지만 실제로는 눈에 보이지 않는 성전 즉 흔들리지 않는 하나님 나라를 기대하도록 이끄는 말씀입니다(참고. 학 2:7, 21-22). 동시대에 예언 활동을 했던 스가랴는 더 다양한 방식으로 장차 도래할 시대를 예언하였는데, 그 스가랴서의 마지막 부분 말씀이 다음과 같습니다.

그날에는 말 방울에까지 여호와께 성결이라 기록될 것이라 여호와의 전에 있는 모든 솥이 제단 앞 주발과 다름이 없을 것이니 예루살렘과 유다의 모든 솥이 만군의 여호와의 성물이 될 것인즉 제사 드리는 자가 와서 이 솥을 가져다가 그것으로 고기를 삶으리라 그날에는 만군의 여호와의 전에 가나안 사람이 다시 있지 아니하리라

(슥 14:20-21)

우선 "말 방울에까지 여호와께 성결"이란 말에 주목해봅시다. 구약 시대에는 '여호와께 성결'이란 어구를 아무데나 쓸 수 없었습니다. 출애굽기 28:36-38을 보면 그 이유를 짐작할 수 있습니다. 하나님께서 하나님의 백성에게 모세를 통하여 하나님 예배하는 법을 세세하게 가르쳐주신 것이 출애굽기 후반부 거의 절반에 해당합니다. 하나님을 예배할 때 거룩한 것과 거룩하지 않은 것을 잘 구분해야 했고, 그래서 이를 위해 성막과 성막 안의 기물과 성막 안에서 일하는 사람들이 어떻게 준비해야 할지를 알려주시는 대목에서 하나님께서 다음과 같이 말씀합니다.

너는 또 순금으로 패를 만들어 도장을 새기는 법으로 그 위에 새기되 '여호와께 성결'이라 하고 그 패를 청색 끈으로 관 위에 매되 곧 관 전면에 있게 하라 이 패를 아론의 이마에 두어 그가 이스라엘 자손이 거룩하게 드리는 성물과 관련된 죄책을 담당하게 하라 그 패가 아론의 이마에 늘 있으므로 그 성물을 여호와께서 받으시게 되리라(출 28:36-38)

구약 시대에 하나님은 거룩한 것과 거룩하지 않은 것을 구분해주면서 하나님의 백성들에게 거룩이 무엇인지, 어떻게 예배해야 하는지를 가르쳐주셨습니다. 출애굽기 25장에서부터 마지막 40장까지는 하나님의 그런 가르침과 이에 대한 이스라엘의 순종이 기록되어 있습니다.

하나님께 드릴 수 있는 거룩한 예물이 있고 드리지 못하는 부정한 물건이 있다는 것, 예물을 담는 그릇에도 거룩한 그릇이 있고 그렇지 못한 그릇이 있다는 것, 예물을 들고 하나님께 나아가는 자도 거룩하게 구별된 제사장이어야 하고 다른 사람은 그렇게 할 수 없다는 것, 그 제사장이 입는 의복도 구별되어 거룩을 드러내는 것이어야 하며 그렇지 않은 의복은 입을 수 없다는 것 등 이런 말씀을 통해 하나님의 백성은 거룩이 무엇이며 거룩하지 못한 것이 무엇인지 배웠습니다.

제사를 통해 배우는 거룩, 예배의 맥락을 통해 배우는 거룩은, 특히 거룩한 예물을 거룩한 그릇에 담아 들고 하나님 앞에 나아가는 거룩한 제사장의 이마에서 절정을 보여줍니다. '여호와께 성결'이라는 문구를 도장 새기는 방식으로 새긴 순금패가 제사장의 이마에 있는 관 전면에 매여 있지 않으면 여호와께서 그 성물을 받지 않으신다고 했습니다. '여호와께 성결'이란 문구는 바로 이렇게 엄중한 자리에서 등장하는 문구였습니다.

그런데 이렇게 구별되고 구별되며 또 구별된 방식으로 예배를 배우고 거룩을 배우는 자리에 있던 '여호와께 성결'이란 문구가 지금 스가랴의 예언에서 매우 파격적으로 사용되고 있습니다. 이것을 파격적이라고 느끼는 것은, 그동안 하나님의 백성이 거룩을 배우기를 바라신 하나님 뜻에서 멀어져서 거룩을 종교적인 상황, 성막과 성전 안에만 가두어두었기 때문입니다. 원래 하나님의 의도는 이런 예배 행위, 제사 행위를 통해 하나님의 백성이 당신의 거룩하심을 알고 배워서 그 거룩을 모든 일상생활의 삶에서 드러내는 것이었습니다. 이것은 이스라엘의 제사에 관해 상세하게 기술하고 있는 레위기에서 볼 수 있습니다. 레위기에 기록된 자세한 제사 규정을 통해 배운 거룩은 레위기 19장에서 다양한 일상생활에서의 거룩으로 이어집니다. 이것이 원래 하나님의 의도였습니다.

이런 하나님의 의도를 제대로 담아내지 못하여 지금까지 '여호와께 성결'이란 단어를 종교적인 특정 상황에서만 사용했으나, 이제 "그날"이 되면 원래 하나님께서 의도하신 대로 일상적인 상황에서 '여호와께 성결'이란 문구를 발견할 수 있을 것이라는 말씀입니다.

여기에서 성경이 종종 사용하는 어구인 '그날'은 예수 그리스도의 초림이라는 거대 봉우리와 그분의 재림이라는 또 다른 거대 봉우리, 그 외에도 수많은 역사적 성취의 봉우리에 둘러싸여 있습니다. 한마디로 '그날'은 지금 우리가 살고 있는 신약 시대, 새로운 시대입니다.

"말 방울에까지 여호와께 성결"이라는 대목에서 저는 성경이 이렇게 현대의 삶 안으로 훅 치고 들어올 수 있는가 하고 자주 생각합니다. '말'은 고대의 운송 수단이었으니 '말 방울'은 요즘으로 치면 차량의 경적과 같을 것입니다. 따라서 스스로 그리스도인이라 칭하는 현대인들이 운전석에서는 거룩을 드러내기는커녕 오히려 쉽게 그리고 자주 화를 내곤 한다는 사실을 말 방울과 연결하여 보면 "말 방울에까지 여호와께 성결"이라는 말이 제법 의미심장하게 다가옵니다.

한편 스가랴 선지자는 본문에서 이전 시대와 구별되는 새로운 시대에 거룩을 이해하는 방식에 대하여, 구약의 제사 때 쓰던 그릇 이야기를 하며 계속하여 강조합니다. 과거에는 거룩에도 서열이 있어서 '제단 앞 그릇'이 제일 거룩하고, 그다음이 '여호와의 전에 있는 모든 솥'이며, 나머지 '예루살렘과 유다의 모든 솥'은 그다음으로 구분하여, 구별된 그릇과 솥으로만 제사 즉 예배를 드릴 수 있다고 생각했습니다. 그러나 이제 '그날' 즉 새로운 시대가 오면 그때는 모든 솥이 여호와의 성물이 되리라고 예언합니다. 그날이 되면 시장이나 거리에서 타고 다니는 말도 성결하며, 집에서 쓰는 그릇도 거룩한 성물이 될 것입니다.

그런데 우리는 예수님의 초림과 재림 사이의 시대를 살아가면서도 여전히 '거룩'과 '예배'를, '헌신'과 '사역'을 가두고 있습니다. 구약 시대 하나님의 백성들이 범했던 잘못처럼 사역을 건물 안에만, 특정한 물건과 특정한 시간, 특정한 행위와 특별한 사람에게만 제한하는 것은 하나님의 계시에 나타난 뜻을 저버리는 것입니다.

일상생활을 사역'으로서'(as) 이해한다면

그런 점에서 일상생활과 사역(혹은 신앙)을 연결하는 이해 방식 중 마지막 네 번째이자 제가 추천하는 것은, 일상생활과 그 안에서 행하는 허드렛일을 포함한 모든 생활세계를 '사역'이자 '예배'로, '선교'로 이해하는 것입니다. '일상생활 사역'이란 말은 일상생활 자체를 하나님께 드리는 예배(service)요 이웃을 향한 섬김(service)으로서의 사역(ministry)이자 사명(mission)으로 여기는(Everyday Life as Ministry) 것을 의미합니다.

이 장을 시작하면서 보았던 두 사례에서와 같이 육아와 살림도, 매일 출근하여 직장에서 일하는 것도 그 자체로 중요한 사역이자 예배입니다. 보냄 받은 곳이 어디든지 거기서 하는 모든 일, 모든 행위가 보냄 받은 삶 곧 선교적 삶(missional life)입니다. 일상생활을 사역으로 이해하는 일상생활 사역은 (최근 몇 년 사이 선교계에서 자주 사용하는 용어인) 삶을 예배요 선교로 이해하는 LAM(Life as Mission)으로 연결되며, 같은 맥락에서 비즈니스를 선교로 이해하는 BAM(Business as Mission)의 기초가 될 것입니다.*

---

* 여러 해외선교단체들이 BAM을 하나의 선교전략으로 생각하는 가운데, BAM을 중심으로 여러 기업, 단체, 교회가 모여 구성된 IBA(http://www.iba-all.org)가 있습니다. LAM은 최근 선교한국과 인터서브 같은 해외선교단체에서 중요한 선교 키워드로 주목하고 있습니다.

아직도 많은 한국 교회 신자들은 구약 시대 이스라엘 백성의 패러다임에 갇혀 있습니다. 그로 인해 예배, 헌신, 봉사, 사명, 선교 그리고 사역이란 단어의 의미를 오해하고 있는 것 같습니다. 한국 교회 구성원들은 대개 일상생활과 허드렛일의 가치를 인정하지 않으며, 오히려 그것을 어쩔 수 없는 필요악으로 여기거나 고귀한 목적을 위한 수단으로만 여길 뿐입니다. 거룩한 장소라고 여기는 교회와 관련된 일, 소위 '영적'인 일에만 가치를 두는 분위기 속에서 살고 배우기 때문에 복음도 그 패러다임으로 이해하는 것입니다. 거룩한 시간이라고 여기는 주일의 예배나 집회만 하나님을 만나는 거룩한 시간이라고 여기는 분위기 속에서 평일과 평일에 하는 일상적인 행위가 복음 안에서 가지는 구속적 의미를 파악하지 못합니다.

이런 점에서 회사의 경영자이기도 한 윌리엄 딜이 《월요일을 기다리는 사람들》(*Thank God, It's Monday*, IVP)에서 일상생활 사역의 가치를 강조하며 지적한 것은, 현재의 한국 교회를 향한 이야기라고 해도 틀리지 않을 것입니다.

그렇게도 많은 사람이 평일 세계를 즐거운 마음으로 살지 못하는 까닭은 바로 복음을 충분히 알지 못하고 깨닫지 못하고 믿지 못하기 때문이라고 나는 확신한다. 이 놀라운 복음을 가진 교회가 오늘날 성도들의 삶을 해방시키지 못하는 것은 참으로 수치스러운 일이 아닐 수 없다.*

지금까지 '일상생활'과 '사역'을 연결하는 네 가지 방식을 살펴보았습니다. 이 네 가지 방식은 복음을 어떻게 이해하고 있는지와 깊이 관련되어 있습니다. '복음을 어떻게 알고 있는가? 무엇이 복음이고 무엇이 복음이 아닌가?' 하는 질문에 대한 대답이 이 책의 다음 장과 그다음 장에서 탐구할 중요한 주제입니다.

---

* 윌리엄 딜, 이종태 옮김, 《월요일을 기다리는 사람들》, IVP, 1998, 89.

개인과 그룹을 위한 기초 성경 공부

(스가랴 14:20-21)

1. 본문에서 반복되는 단어는 '_____'입니다. 이 단어를 들으면 바로 생각나는 인물이나 에피소드가 있습니까? 이야기해봅시다.

2. 스가랴의 "그날이 오면" 일어날 일과, 출애굽한 이스라엘에게 하나님께서 모세를 통해 주신 하나님의 거룩과 예배에 관한 명령을 비교하고 그 차이점을 찾아봅시다. ('부록 Ⅲ'의 예시 참조, 197쪽)

스가랴14:20-21	구약 시대	"그날이 오면"
"여호와께 성결"이 새겨진 곳은 어디인가?	출 28:36-38(출 39:3-31) 참고	슥 14:20
거룩한 기구(그릇, 솥)로 사용할 수 있는 것은?	출 25:29(출 37:16) 참고	슥 14:20-21
거룩, 예배의 시공간은?	레위기 19장 참고	

3. '그날'이 신약 시대를 말하는 것이라면, 신약 시대를 살아가는 우리들
  이 왜 이런 변화를 충분히 경험하지 못하는지 생각해보고 함께 나눠봅
  시다.

4. 이 장을 읽고 느끼고 결심한 것을 한 문장 기도문으로 기록해봅시다.

3장
복음과 구원

복음과 구원

일상생활을 위한 복음

"그렇게도 많은 사람이 평일 세계를 즐거운 마음으로 살지 못하는 까닭은 바로 복음을 충분히 알지 못하고 깨닫지 못하고 믿지 못하기 때문"이라고 평가한 윌리엄 딜의 이야기가 맞는 말일까요? 이 물음에 답하자면, 우리가 충분히 알고 깨닫고 믿어야 할 복음이 과연 무엇인지를 먼저 질문해야 할 것입니다.

복음이란?

복음과 관련된 강의를 할 때, 저는 종종 이렇게 물으며 시작합니다. "여러분, 복음이 무엇입니까?"

그러면 청중들에게서 "예수님입니다" "예수님을 믿으면 구원을 받는다는 것입니다" 하는 대답이 돌아옵니다. 그러면 제가 다시 묻습니다.

"제가 하는 말이 맞으면 '아멘' 하시기 바랍니다. 복음은 예수 그리스도를 믿으면…(여기까지는 완벽합니다) 죄인인 우리 인간이 구원을 얻는 것입니다. 맞습니까?(여기까지도 괜찮아 보입니다) 그 구원이란 예수님을 믿고 살다가 결국 죽어서 우리 영혼이 천국에 가서 영원히 사는 것입니다. 맞습니까? 이걸 믿으십니까?"

그러면 십중팔구 "아멘!" 합니다.

이 글을 읽는 여러분은 어떻게 대답하시겠습니까? 곧바로 아멘 하기 어렵다면, 어디서부터 무엇이 문제라고 생각하십니까?

"예수 천당, 불신 지옥!"

"예수님 믿고 구원 받으세요!"

아마 이런 문구들이 지금까지 주변에서 들어본 짧고도 흔한 복음 메시지일 것입니다. 이런 메시지들은 요한복음 3:16-18*이나 사도행전 16:31의 "주 예수를 믿으라 그리하면 너와 네 집이 구원을 받으리라"라는 말씀의 요약일 것입니다.

---

* 하나님이 세상을 이처럼 사랑하사 독생자를 주셨으니 이는 그를 믿는 자마다 멸망하지 않고 영생을 얻게 하려 하심이라 하나님이 그 아들을 세상에 보내신 것은 세상을 심판하려 하심이 아니요 그로 말미암아 세상이 구원을 받게 하려 하심이라 그를 믿는 자는 심판을 받지 아니하는 것이요 믿지 아니하는 자는 하나님의 독생자의 이름을 믿지 아니하므로 벌써 심판을 받은 것이니라

여기서 문제는, 복음과 구원을 오직 인간을 위한 것, 특별히 인간의 영혼을 위한 것으로 이해하는 것입니다. 또한 복음과 구원을 지금 여기의 삶을 위한 것이라기보다 죽음 이후의 하늘나라, 천국에서 경험하는 것이라고 암시하는 것도 문제입니다. 그래서 많은 이들이 기독교가 말하는 복음을 '죄인인 우리가 지금 예수를 믿으면 마침내 (죽어서) 저 천국에서 가서 우리 영혼이 영원한 삶, 영생을 누릴 수 있는 것'이라고 생각합니다. 과연 복음은 인간만을 위한 것이고, 인간의 영생과 영혼 불멸을 위한 것일까요? 복음이란 내세의 삶을 준비하는 것일까요?

통상적인 복음 이해로 로마서 읽기

기독교의 복음과 구원의 정수를 알려면 성경 전체가 이야기하는 바에 귀를 기울여야 합니다. 성경 중에서 사복음서, 곧 마태·마가·누가·요한복음이 예수 그리스도에 관해 이야기하고 있으니 복음서를 보아야 한다고 생각하는 분도 있겠지요. 그렇지만 저는 먼저 로마서에서 바울이 이야기하고 있는 복음과 구원을 집중적으로 살펴보려합니다.

로마서가 주로 기독교의 복음과 구원을 이야기하고 있다는 것은 로마서 첫 부분인 1:1-17에서 반복되는 단어를 통해 분명하게 드러납니다. 반복되는 단어는 다름 아닌 '복음'입니다. 여기서 복음은 분명히 "우리 주 예수 그리스도"(4절), "아들"(9절)의 복음입니다. 그리고 사도 바울은 이 복음을 로마에까지 전해야 할 복음(15절)으로 이해하고 있습니다. 특히 16절에서 바울은 "내가 복음을 부끄러워하지 아니하노니 이 복음은 모든 믿는 자에게 구원을 주시는 하나님의 능력이" 된다고 선언합니다. 그리고 유명한 말씀, 마르틴 루터가 회심을 경험하는 계기가 된 말씀인 17절에서 복음을 이렇게 이야기합니다.

> 복음에는 하나님의 의가 나타나서 믿음으로 믿음에 이르게 하나니
> 기록된바 오직 의인은 믿음으로 말미암아 살리라 함과 같으니라

소위 이신칭의의 교리, 믿음으로 의롭다 하심을 받는다는 교리의 기초가 된 말씀입니다. 이 말씀이 개신교의 출발인 종교개혁의 계기가 될 정도로 유명하다 보니, 로마서의 출발부터 복음과 구원에 대한 결론을 두괄식으로 제시하고, 이후에 나오는 로마서의 말씀들은 이 결론을 설명하는 것이라고 이해하는 경향이 있습니다.

이렇게 로마서를 읽으면 "모든 믿는 자에게 구원을 주시는 하나님의 능력"인 복음은 '이신칭의'의 복음이고, 그 핵심 메시지는 우리가 잘 알고 요절로 암송하기도 하는 다음과 같은 말씀과 연결되는 것으로 자연스럽게 이해할 수 있습니다.

모든 사람이 죄를 범하였으매 하나님의 영광에 이르지 못하더니 (롬 3:23)

죄의 삯은 사망이요 하나님의 은사는 그리스도 예수 우리 주 안에 있는 영생이니라(롬 6:23)

여기에다 결론적으로 "육신을 따르는 자는 육신의 일을, 영을 따르는 자는 영의 일을 생각하나니 육신의 생각은 사망이요 영의 생각은 생명과 평안이니라"(롬 8:5-6)라는 구절이 더해지면, 바울은 구원을 주시는 하나님의 능력으로서의 복음을 '사망과 연결되어 있는 죄된 육신을 죽이고, 동시에 영의 생각 즉 영혼이 생명과 평안과 영생을 얻기 위해 그리스도를 믿는 믿음을 가지는 것'이라고 말하는 것처럼 보입니다.

그런데 이런 식의 정의는 그동안 이야기한 것처럼 익숙하고 단순한 복음 정의에 딱 들어맞는 말씀이 되어버리고 맙니다. 다시 말해서, 복음은 죄된 인간의 구원을 위한 것이고, 그 구원은 죽을 인간의 육신이 아니라 영생을 얻을 영혼의 구원을 의미하는 것으로 자연스럽게 이해하게 된다는 것입니다.

복음을 이렇게 이해하면 몸을 지니고 사는 이 세상에서의 삶과 수고는 큰 의미가 없고, 하나님은 인간을 제외한 다른 어떤 것에도 관심이 없으시며, 따라서 오직 영혼의 일, 영적인 일만 중요한 것이 됩니다. 죽어서 천국 가는 것이 제일 고상한 목표이므로 그것이 성취되기

전까지는 영혼의 일, 영적인 일에만 관심을 기울이며 사는 것을 장려합니다. 다른 말로 하면, 몸으로 살아가는 일상생활은 비루한 것이고 영적인 삶, 종교적인 삶, 교회에서의 삶이야말로 중요한 것이 되어버립니다.

몸 · 피조 세계를 위한 복음과 구원

바울이 로마서에서 복음과 구원을 이야기할 때 정말로 영혼만 귀중하게 여기고 몸은 아무 관계가 없는 것이라고 말하고 있을까요? 또한 바울이 로마서에서 인간의 죄인됨과 구원, 인간의 영생 문제, 인간의 영적인 문제에만 관심을 둘 뿐 이 세상과 여타 일상다반사에는 전혀 관심을 두지 않고 있을까요? 이런 질문에 무엇이라고 답할 수 있을까요?

우선 첫 번째로, 바울은 결코 로마서에서 육신, 몸을 폄하하거나 회피하지 않습니다. 조금 전 언급했던 로마서 8:5-6의 말씀 바로 앞에 있는 8:3을 보면 이런 말씀이 있습니다.

> 율법이 육신으로 말미암아 연약하여 할 수 없는 그것을 하나님은 하시나니 곧 죄로 말미암아 자기 아들을 죄 있는 육신의 모양으로 보내어 육신에 죄를 정하사

이 말씀에서 복음의 중심이신 예수 그리스도께서 '육신의 모양으로' 오신 이유, 성육신하신 이유를 분명히 밝히고 있습니다. 하나님은 육신이 본질적으로 악하기 때문에 육신을 기피하신 것이 아니라, 오히려 자기 아들을 죄 있는 육신의 모양으로 보내어 그 육신에 죄를 정하신 분입니다. 이렇게 육신에 구체화된 죄를 해결하기 위해 하나님은 반드시 육신의 몸을 입고 이 땅에 오셔야 했습니다. 그리고 그 문제를 안고 육체로 죽으셔야 했고, 죽었다가 다시 몸으로 부활하셨습니다.

> 예수를 죽은 자 가운데서 살리신 이의 영이 너희 안에 거하시면 그리스도 예수를 죽은 자 가운데서 살리신 이가 너희 안에 거하시는 그의 영으로 말미암아 너희 죽을 몸도 살리시리라(롬 8:11)

이 말씀대로, 하나님이 예수 안에서 우리에게 주신 구원은 단순히 정신만 혹은 영혼만 살리는 구원이 아니라 육체, 몸을 포함하여 전인을 살리는 구원이었습니다. 몸의 구원, 몸의 구속이 바로 바울이 로마서에서 밝히고 있는 복음과 구원의 핵심입니다. 이 사실은 로마서 8:19-23에서 더 명확해집니다.

> 피조물이 고대하는 바는 하나님의 아들들이 나타나는 것이니 피조물이 허무한 데 굴복하는 것은 자기 뜻이 아니요 오직 굴복하게 하

시는 이로 말미암음이라 그 바라는 것은 피조물도 썩어짐의 종노
릇 한 데서 해방되어 하나님의 자녀들의 영광의 자유에 이르는 것
이니라 피조물이 다 이제까지 함께 탄식하며 함께 고통을 겪고 있
는 것을 우리가 아느니라 그뿐 아니라 또한 우리 곧 성령의 처음 익
은 열매를 받은 우리까지도 속으로 탄식하여 양자 될 것 곧 우리 몸
의 속량을 기다리느니라

이 말씀에서 가장 많이 반복되는 단어는 '피조물'입니다. 기독교의
복음이 기대하고 약속하는 구원은 인간만을 위한 것이 아니라 피조
세계 전체를 포괄하는 구원입니다. 구원은 신음하고 있고 죄의 종노
릇 하는 가운데 놓여 있는 피조 세계를 버리고 저 세상에서, 다른 세
계에서, 저 천국에 가서 얻는 것이 아닙니다.

기독교의 구원은 나의 구원, 인간의 구원에 국한되지 않습니다. 모
든 피조 세계의 구원에 이르기까지 관심을 가집니다. 피조물과 인간
즉 하나님 자녀들의 운명이 연결되고 있습니다. 피조물도 지금 구원
을 기대하고 있다고 이야기합니다. 피조 세계가 지금 신음하고 있으
며 썩어감의 종노릇 한 데서 해방되기를, 그리하여 하나님의 자녀가
가진 영광의 자유에 이르기를 기대하고 있다고 바울은 이야기합니다.

이것은 놀라운 비전입니다. 로마서가 말하는 복음과 구원의 범위가
얼마나 광대한지 보아야 합니다. 이것이 우리가 주목해야 할 두 번째
논지입니다. 나의 구원, 내 영혼의 구원, 인간의 구원에만 집착하는 것

은 복음의 광대함에 미치지 못합니다. 오히려 바울은 로마서에서 인간의 구원은 하나님이 만드신 피조 세계 전체를 회복하려는 방편이요 수단일 뿐이라고 말합니다.

이런 시각으로 볼 때, 저는 바울이 로마서를 쓰면서 두괄식으로 이신칭의의 교리라는 결론을 내리고 그것을 보충하려고 했다기보다 논리를 찬찬히 쌓는 방식으로 썼다고 보는 편이 좋겠다고 생각합니다. 그렇게 보면 하나님이 피조 세계 전체를 회복하시는 비전을 보여주는 이 본문이 로마서 전체 논지의 최고점이라고 할 수 있습니다.

한 가지 더, 로마서 8:23에서 구원, 구속, 속량과 관련된 단어가 어디에 연결되어 사용되고 있는지 주목해야 합니다. 앞에서 이미 강조한 것처럼 우리가 기다리고 고대하는 것은 '영혼'의 구속이 아닙니다. '몸'의 속량입니다. 저는 23절을 읽을 때 큰 소리로 "몸의 속량"을 "영혼의 속량"이라고 바꿔 읽기도 합니다. 그렇게 해도 듣는 분들이 아무 의심 없이 아멘으로 받아들이는 것을 자주 경험합니다. 그 정도로 우리는 구원, 구속, 속량의 문제를 '영혼'의 문제, '영적'인 문제로 오해하고 있습니다.

여기서 바울은 일부러 '몸'이라는 단어를 쓰고 있습니다. 그리고 자신이 가장 강조하고 있는 논지인 8장의 이 부분을 이어받아 성도들이 어떻게 살 것인가를 말하기 시작하는 로마서 12:1-2에서 이렇게 말합니다.

그러므로 형제들아 내가 하나님의 모든 자비하심으로 너희를 권하
노니 너희 몸을 하나님이 기뻐하시는 거룩한 산 제물로 드리라 이
는 너희가 드릴 영적 예배니라 너희는 이 세대를 본받지 말고 오직
마음을 새롭게 함으로 변화를 받아 하나님의 선하시고 기뻐하시고
온전하신 뜻이 무엇인지 분별하도록 하라

여기서도 바울이 어디에 관심을 두고 있는지 분명히 드러납니다.
바울의 관심은 단지 영혼에만 있지 않습니다. 오히려 몸에 있습니다.
예수님께서 이 땅에 육신을 입고 오신 것은 단지 그렇게 함으로써 겸
손한 정신을, 스스로 고귀한 영혼임을 드러내기 위해서가 아니었습
니다. 우리가 그 겸손한 정신과 고귀한 영혼을 알고 믿어 우리 영혼이
고귀해지고 영적인 지식을 얻으며, 썩을 육신을 정화하고 금욕하여
마침내 천국에서 우리 영혼이 안식을 누리게 하려고 예수님이 육신으
로 임하신 것(혹은 임하신 것처럼 보인 것)이 아니었던 것입니다.

예수님이 육신으로 임하신 것은 하나님이 만드신 피조 세계, 물질
세계 전체를 구원하시려는 하나님의 뜻이었습니다. 하나님은 이 피
조 세계를 선하게 만드셨습니다. 비록 인류가 하나님처럼 되려다가
자신뿐 아니라 피조 세계 전체까지 타락의 영향을 받게 했지만, 하나
님의 열심은 인간뿐 아니라 피조 세계 전체를 다시금 회복하고 구원
하시는 것이었습니다. 이를 위해서는 구원이 이 피조 세계 속에서 일
어나야 했고, 물리적 세계와 물질세계와 몸을 통하여 일어나고 경험

되어야 했습니다. 이를 위해 예수 그리스도께서 육신의 몸을 입고 오셨습니다. 따라서 성육신의 사건 없이는 진정한 구원이란 있을 수 없습니다.

일상생활 사역의 신학적 기초: 창조와 성육신

교회는 오랜 세월 동안 복음과 구원을 매우 좁게 생각하였습니다. 피조 세계를 포함하는 창조신학으로서 균형을 잡지 못하고 소위 구속신학의 견지에서 구원을 이해하다 보니, 교회가 전한 복음이 왜소한 복음이 되어버렸습니다. 그리스도인들이 향유하는 구원은 매우 자기중심적이고 이기적이며 세상에 관심이 없는 내세지향적인 것이 되어버렸습니다. 그러나 로마서에서 바울이 이야기하는 복음과 구원은 그리스도인 개인이나 교회, 영혼에만 국한된 것이 아닙니다.

성경이 말하는 구원도 하나님이 만드신 모든 피조 세계를 포괄하며 영혼만이 아니라 육신과 물질세계 전체까지 포괄하고 있습니다. 어떻게 내가, 내 영혼이, 우리 교회가 구원받을 것인가 하는 구속신학의 관점만 가지고 구원을 보면, 반드시 장소적으로는 교회당을, 시간적으로는 예배당에 모이는 시간 특히 주일을 강조하게 마련입니다. 그러나 창조신학의 관점 안에서 이 구원을 확장하면, 하나님의 관심이 교회당뿐 아니라 온 세상에 있으며, 시간적으로도 주일뿐 아니라 나머지 6일과 세상에서 6일 동안 행하는 일상적인 일에까지 미친다는 사실을 분명히 알 수 있습니다.

복음과 구원을 좁게 이해하면 이 세상으로 나가는 일은 위험하거나 부질없는 짓이 됩니다. 따라서 육체적인 일상다반사를 억제하고 영혼을 깨끗이 하여 죽어서 천국 가기 위해 부단히 훈련하며 그때를 기다리는 교회 모임(ecclesia)을 강조하게 됩니다. 이런 작은 복음, 작은 구원관을 가진 이들은 사람들에게 자꾸 모이라고 강조합니다. 모임의 횟수와 모이는 이들의 숫자로 신앙의 건강성, 교회의 활기를 가늠하려고 합니다.

그러나 하나님의 구원 범위가 얼마나 큰지 알게 된다면 단지 모이는 데서 그치지 않습니다. 모임의 목적이 오히려 세상으로 흩어지는 데 있음을 강조하게 됩니다. 그리스도인의 모임이 존재하는 이유는, 모여서는 하나님이 피조 세계의 회복을 위해 어떤 마음을 품고 계시는지를 말씀과 교제로 재확인하고, 함께 피조 세계, 곧 세상으로 흩어져서 하나님 자녀들의 영광의 자유를 드러내는 비전을 성취하도록 돕는 데 있습니다. 그리스도인 모임의 존재 이유는 언제나 세상으로 흩어지는 것(diaspora)에 있어야 합니다. 모임과 흩어짐의 균형이 필요합니다. 이것과 관련해서는 마지막 장에서 더 자세하게 다루려 합니다.

여기서 한 가지 질문이 생깁니다. 그렇다면 무엇 때문에 이렇게 작은 복음, 좁은 구원을 가르치고 배워왔을까요? 왜 지금까지 기독교와 성경이 말하는 복음과 구원을 단지 인간과 인간의 영혼만을 위한 것으로 이해해왔을까요? 복음의 포괄성과 구원의 광대함을 제대로 통찰하지 못하고, 몸을 천하게 여기고 영혼만을 귀하게 여기며, 복음과 구원, 심지어 하나님을 교회 안에서만, 주일과 종교적 예배 행위 안에서만 의미가 있는 것처럼 생각해왔을까요? 몸으로 살아가는 일상생활의 의미를 복음과 구원으로 연결하지 못하게 만든 것은 무엇일까요?

이 모든 질문에 답을 찾기 위해 다음 장에서는 바울이 에베소에서 목회하던 디모데에게 쓴 편지의 한 대목을 살펴볼 것입니다.

개인과 그룹을 위한 기초 성경 공부

(로마서 8:18-23)

1. 바울이 강조하기 위해 반복하는 단어를 본문에서 찾아봅시다.

2. 바울이 이해한 복음과 구원의 범위와 그 강조점은, 개인 구원을 강조하는 구속신학적 관점, 영혼 구원을 위한 복음 이해와 어떤 차이가 있을까요? 빈칸을 채워봅시다. ('부록 Ⅲ'의 예시 참조, 198쪽)

로마서 8:18-23	창조신학	구속신학(전통적)
구원의 범위		인간 개인, 영혼
(의미 있는) 시간	매일, 나머지 6일, 평범한 시간	
(중요한) 공간		교회당, 모임 공간
(강조되는) 행위		예배, 찬양, 종교적 행위
교회의 강조	흩어짐(디아스포라)	

3. "전통적으로 강조해온 구속신학을 로마서 8장이 강조하는 창조신학으로 균형 잡는 것이 필요합니다." 이 문장을 어떻게 생각하는지 이야기해봅시다.

4. 이 장을 읽고 느끼고 결심한 것을 한 문장 기도문으로 기록해봅시다.

4장
신학

거짓 가르침과 일상생활의 신학

인간만을 위한, 인간 개인을 위한, 인간 개인의 영혼을 위한 복음과 구원은 기독교의 복음과 구원을 너무 작고 편협하게 만들어버립니다. 이 모든 것을 포함하여 하나님이 만드신 피조 세계, 세상을 위하고 몸을 위한 구원과 복음의 메시지가 성경에서 재확인되어야 합니다.

이중성

"세상이 중요하다. 몸이 중요하다!"

이렇게 말하면 어떤 사람은 "그렇지! 기독교는 그동안 이 세상과 몸을 너무 터부시하고 무시했어!"라고 고개를 끄덕일 것입니다. 그렇지만 어떤 사람들은 이렇게 문제를 제기할 수도 있을 것입니다.

"오늘날은 오히려 몸을 너무 중요하게 생각하는 시대가 아닐까? 몸을 가꾸고 치장하며 몸에 지나치게 많은 시간과 돈을 투자하는 시대 아냐? 성경도 '육신의 생각은 사망이요 영의 생각은 생명'(롬 8:6)이라고 했고, '이 세상이나 세상에 있는 것들을 사랑하지 말라'(요일 2:15)라고 했는데 말이야."

이런 이야기를 접하면 이 문제가 단순하지 않음을 알게 됩니다. 성경도 '세상'이나 '몸'을 이중적으로 이야기하기 때문입니다.

이미 지난 장에서 보았듯이 로마서 8장 안에서 바울은 "육신의 생각은 사망"이라고 말하지만, 그 전에 하나님이 "자기 아들을 죄 있는 육신의 모양으로" 세상에 보내셨다고 말합니다. 여기서 이 '세상'이라는 단어도 성서에서는 이중적으로 사용되고 있습니다. 특히 요한복음과 요한서신에서 '세상'의 용례를 보면, 하나님이 창조하고 사랑하여 독생자를 보내신 곳이 '세상'이지만, 동시에 '이 세상'을 사랑하지 말라고 말씀합니다.

이 이중성 때문에 오해가 많이 생깁니다. '육신적' '세상적'이 되는 것은 금하지만 '육신'과 '세상' 자체는 하나님이 긍정하고 사랑하시는 것으로 이 이중성을 이해해야 합니다. 이중성에 대한 이런 이해가 없으면 몸과 세상을 무조건 긍정하거나 반대로 무조건 부정합니다. 또 이 이중성을 거꾸로 이해하면 '육신적'인 것이나 '세상적'인 것은 긍정하고 사랑하면서, 오히려 '육신'과 '세상'은 금하게 됩니다. 윤리적으로 금욕주의를 택하거나 정반대로 혼합주의를 택하는 것입니다.

그런데 이 두 가지 태도, 즉 몸과 세상을 무시하고 억누르는 것과 몸과 세상에 탐닉하여 사는 것이 실은 한 뿌리에서 나온다는 사실을 아는 이들은 많지 않습니다. 이것이 그토록 놀라운 복음을 갖고도 세상에서 일상을 즐겁게 살지 못하는 이유이며, 또한 복음과 구원을 그토록 작고 좁게 이해하게 되는 이유입니다.

에베소, 아데미, 영지주의

바울은 로마의 그리스도인들에게 보낸 편지(로마서)에서 복음과 구원에 있어 몸의 중요성을 강조한 바 있습니다. 그가 에베소에서 목회하던 젊은 목회자 디모데에게 쓴 편지인 디모데전서 4:1-5에서는 다음과 같이 말합니다.

> 그러나 성령이 밝히 말씀하시기를 후일에 어떤 사람들이 믿음에서 떠나 미혹하는 영과 귀신의 가르침을 따르리라 하셨으니 자기 양심이 화인을 맞아서 외식함으로 거짓말하는 자들이라 혼인을 금하고 어떤 음식물은 먹지 말라고 할 터이나 음식물은 하나님이 지으신 바니 믿는 자들과 진리를 아는 자들이 감사함으로 받을 것이니라 하나님께서 지으신 모든 것이 선하매 감사함으로 받으면 버릴

것이 없나니 하나님의 말씀과 기도로 거룩하여짐이라

　여기에 바울이 교회 안의 어떤 사람들을 향해서 발설한 무서운 정죄의 말이 있습니다. '믿음을 떠났다' '미혹하는 영과 귀신의 가르침을 따른다' '양심이 화인을 맞았다' '외식하는 자다' '거짓말하는 자들이다'라는 말은 누구에게든 쉽게 할 만한 말이 아닙니다. 매우 조심스러운 말이며, 교회를 파괴하고 분열시키는 이단이나 거짓 가르침을 전하는 자들을 향해서나 할 수 있을 법한 말입니다.

　사실 이 말들 중 하나만 해도 심각한 말인데, 바울이 얼마나 화나고 흥분했기에 이렇게 한꺼번에 쏟아놓았을까요? 아마 바울은 이 사람들의 가르침을 복음 안에서 용납할 수 없었을 것입니다. 그 가르침이 무엇이었는지 이 본문에서는 딱 한 문장으로 말합니다. "혼인을 금하고 어떤 음식물은 먹지 말라"라는 내용이었습니다. 도대체 무슨 이유로 이 간단한 주장에 그렇게 흥분했을까요? 이 간단한 주장 배후에 어떤 복잡한 문제가 놓여 있었을까요?

　이런 주장이 나온 배경에는 한편으로는 유대교적 가르침의 잔재가 있었을 것입니다. 갈라디아서 같은 서신을 보면, 초대교회에는 여전히 유대교의 영향을 받아 거룩을 구별하는 것으로 이해하고 그것을 요구하던 선생들이 많이 있었음을 발견할 수 있습니다. 이런 사람들은 그리스도를 믿는 믿음도 중요하지만 여전히 율법이 자신의 삶에 유용한 한계를 그어준다고 생각하였을 것입니다. 그래서 이들은 그리스도인들도 '어떤 음식물을 먹지' 않도록 금하는 유대교적 율법을 지켜야 한다고 주장하였습니다.

　방향을 바꾸어, 디모데전서는 바울이 '에베소'에서 사역하고 있는 디모데를 위해 쓴 편지이므로 당시 에베소의 문화적 환경을 고려하는 것이 이 주장을 이해하는 데 도움이 됩니다. 일차적으로 에베소는 아데미(아르테미스, Artemis) 여신의 이데올로기가 도시 전체를 지배하고 있었습니다. 사도행전 19장을 보면 바울의 에베소 사역 때문에 이곳에서 큰 소요가 일어납니다. 특히 28절을 보면 소요를 일으킨 사람들의 구호가 기록되어 있는데 "크다 에베소 사람의 아데미여"라고 외치고 있습니다.

　소아시아 에베소에서 발견된 아르테미스 신상을 보면 유방을 여러 개 가진 여인의 형상입니다. 원래 아르테미스는 그리스의 신이 아니라 소아시아 원주민의 신으로, 다산과 번성을 주관하는 신으로 숭배되어 왔습니다. 에베소가 물류 이동의 중심지이자 무역의 중심지였던 것과 이런 번성의 여신을 숭배하는 것은 깊은 관련이 있을 것입니다.

　그리스 신화 속에서 아르테미스와 아폴론 쌍둥이 남매는 제우스가 티탄족의 신인 레토와 결혼하여 낳은 신입니다. 제우스의 본처 헤라의 질투 때문에 레토가 쌍둥이를 임신하고 낳는 과정에서 고생을 무척 많이 했습니다. 그래서 어머니 레토는 딸인 아르테미스에게 "앞으로 너는 절대로 아이를 배고 출산하는 고생을 하지 말아라"라고 신신

당부했습니다. 그 후 아르테미스는 처녀 사냥꾼으로 살았고, 그의 화살은 산욕(産褥)을 치르는 여자를 그 자리에서 고통 없이 죽게 하는 힘을 지녔다고 신화는 이야기합니다. 또한 아르테미스는 처녀의 수호신으로서 순결의 상징이었는데, 이런 처녀의 순결에 상처를 입힘으로써 죽음의 벌을 받은 자 가운데는 오리온 같은 이들이 있다고 전해집니다. 이런 복합적인 신화를 바탕으로 하여 에베소라는 도시 전체의 종교와 문화, 경제를 지배한 것이 아르테미스, 즉 아데미 여신의 이데올로기였습니다.

이렇게 아르테미스 신화 자체가 상호모순적인 구석이 있습니다. 한편으로는 다산이 의미하는 풍요를 갈구하면서, 다른 한편으로는 혼인을 하고 아이를 낳는 것을 터부시하는 사회적 흐름이 있었습니다. 학자들에 의하면, 당시의 종교의식은 소위 처녀 제사장들 즉 성전 창기들과 혼음하는 것이었는데 그 과정에서 생긴 아이들은 낙태하는 사례도 많았다고 합니다.

이런 문화적 흐름이 은연중에 그리스도인들에게도 영향을 미쳤습니다. 특히 당시 지중해 문화권을 지배하던 그리스 철학의 영향을 받은 초기 형태의 영지주의 사상이 이런 영향을 자연스럽게 받아들였습니다.

영지주의는 정신과 영혼은 선한 것이며 육체는 악한 것이라고 주장합니다. 육체는 영혼을 둘러싸고 있는 감옥이므로 이 육체에서 영혼이 속히 탈출하는 것이 중요하다고 했습니다. 이런 주장에서 육체를 살찌우는 음식물을 금하는 금욕주의적 태도가 발생했습니다. 혼인을 금한 것도 같은 이유에서입니다. 혼인하면 대개 영혼의 감옥인 육체를 낳는 결과로 이어지므로 애당초 육체를 재생산하는 혼인을 금하게 한 것으로 보입니다.

금욕(분리)주의와 쾌락(혼합)주의의 공통된 뿌리, 영육이원론

영혼과 육체를 분리하여 생각하는 영육이원론의 실제적·윤리적 결과물은, 일단 본문에서 볼 수 있듯이 금욕주의적인 형태로 드러납니다. 그러나 아이러니하게도 초기 기독교 영육이원론의 세부 사항을 조금만 비틀어놓으면 이와는 정반대인 삶의 태도, 곧 윤리적인 결정이 나오기도 합니다.

금욕주의는 영혼은 선하고 육체는 악하다고 생각하여 육체를 금하고 터부시하는 관점입니다. 이 생각을 약간 비틀면, 이처럼 영혼은 선하고 육체는 악하므로 영이신 하나님은 선한 영혼에만 관심을 기울이지 악한 육체에는 관심이 없으실 것이라 여기는 태도가 도출됩니다. 그러므로 선하신 하나님은 인간인 우리가 선한 영혼과 관련된 일에만 집중하는 것을 기뻐하시며, 악한 육체에는 관심이 없으시니 우리가 육체로는 어떻게 살든 상관없다고 주장합니다. 이런 논리에 따르면, 향락과 탐닉을 추구하는 삶을 아무런 부담 없이 살 수 있게 되는 것입니다.

사실 에베소의 아데미 이데올로기는, 문화적인 양태와 실제적인 삶에서 한편으로는 다산과 풍요를 추구하면서 다른 한편으로는 처녀성과 금욕을 추구하는 양면성을 그대로 담고 있습니다. 세상으로부터 분리하는 경향의 금욕주의와 세상과 혼합하여 사는 쾌락주의는 전혀 다른 삶의 선택이고 윤리적 태도지만, 놀랍게도 이렇게 영육 이원론이라는 같은 뿌리에서 나왔습니다.

초기 형태의 기독교 영육이원론은 역사 속에 다양한 변주로 나타났습니다. 예수 그리스도가 실제로 오신 것이 아니라 제자들의 눈에 나타난 것처럼 보였다는 가현설 이단이나 유대교와 물질세계를 증오했던 마르시온 이단, 그리고 열광적 신비주의의 몬타누스 이단과 같은 초대교회 이단들은 어떤 모양으로든 영육이원론의 변주였습니다. 이들이 교회사에 나타난 이후 이단 운동들도 대동소이하게 자기 시대와 정황에 맞게 이런 형태의 변주로 나타났습니다. 각 시대의 이단들이 금욕주의, 율법주의, 혼합주의, 신비주의와 같은 특징들을 보이는 것도 영육이원론의 당연한 논리적·윤리적·종교적 귀결이라고 볼 수 있습니다.

이런 점에서 바울이 디모데전서 4:1-2에서 과하다 싶을 만큼 거짓 가르침과 그 가르치는 자들을 강하게 비판한 것은, 어쩌면 이 거짓 가르침이 교회에 드리울 그림자와 상처를 그가 충분히 인식하였다는 증거일 것입니다.

바울의 서신은 편지를 받는 당시 교회 혹은 수신자들이 안고 있는 어려움과 목회적 필요 때문에 쓰였습니다. 그런데 그것이 현대를 살아가는 우리에게까지 전달되어 우리가 유익을 얻고 있습니다. 바울 이후의 초기 교회도 내부적으로 경험한 거짓 가르침과 그것과 관련한 이단들의 발호로 많은 어려움을 겪었습니다. 이런 어려움과 문제에 대하여 속사도와 교부들의 개인적인 권면과 저술 혹은 교회 공동체적인 회합과 토론의 결과에 따른 공의회적 대응을 하며 교회는 건전한 가르침, 바른 교리, 교회의 신학을 정립할 수 있었습니다. 정경론, 삼위일체론, 양성교리 등과 같은 주요한 기독교 신학의 출발은, 어떤 의미에서 다른 복음의 도전, 거짓 가르침에 대한 대응 때문이었다고 말할 수 있습니다.

일상생활 신학의 기초, 창조와 새 창조 이야기

이런 의미에서 바울은 디모데전서 4장에서 아데미 이데올로기, 그리스 신화에 기반을 둔 영육이원론의 가르침에 대항하여 창조 이야기를 제시합니다. 물질과 육체에 관한 바른 신학을 제시한 것입니다.

바울이 두 번이나 '하나님이 지으신'이라는 말을 반복하며 하나님의 창조 이야기를 언급하는 대목에 주목해야 합니다. '창조의 하나님'이라는 관점에서 보면, 우리 몸과 성(sex)에서 시작하여 음식물을 포함하여 사회 제도에 이르기까지 하나님께서 지으신 모든 것이 선합니다. 처음부터 어떤 것은 선하고 어떤 것은 악하지 않습니다. 모든 것이 원래 선합니다.

이렇듯 원래 하나님의 창조는 선한 창조였습니다. 물론 인간의 타락 때문에 하나님의 피조 세계 전체가 큰 타격을 입었고, 하나님이 지으신 것들이 하나님 뜻에 반(反)하는 쪽을 향한 것은 사실입니다. 그러나 세상을 창조하신 하나님은 선한 창조 세계를 향한 기본 목적을 청사진처럼 갖고 계셨으며, 마침내 예수 그리스도를 통하여 피조 세계 전체가 다시 하나님을 향하도록 구속하셨습니다. 그러므로 바울은 에베소의 아데미 이야기, 영육이원론 이데올로기의 영향을 받아 여인들의 해산까지 터부시하는 문화 속에서 그 신앙적 결단으로 '해산함으로 구원'을 증명하게 된다고까지 말합니다.*

이렇게 삶의 방향을 바로잡은 자들, 믿는 자들과 진리를 아는 자들이 할 수 있는 삶과 윤리적 선택은 다름 아닌 "모든 것이 선하매 감사함으로 받[는]" 것입니다. 이것이 이기적 방종이나 탐닉을 의미하지는 않습니다. 여기 주목할 만한 두 가지 태도가 나오는데, 첫째는 "감사함으로"입니다. 감사는 반드시 대상이 있는 관계적 용어입니다. 그러므로 모든 것을 행하되 감사의 대상을 인식하고 거기에 합당하게

---

* 디모데전서 2:15 "그러나 여자들이 만일 정숙함으로써 믿음과 사랑과 거룩함에 거하면 그의 해산함으로 구원을 얻으리라." 이 구절은 해석하기 쉽지 않은 성경 구절 중 하나인데, 본문에서 언급한 아데미 이야기와 영육이원론의 관점에서 보면 이해가 됩니다.

행하라는 것입니다.

또 하나는 "하나님의 말씀과 기도로 거룩하여짐이라"입니다. 한마디로 '거룩'이라는 태도입니다. 거룩은 모든 것을 지으신 하나님의 성품입니다. 우리가 살아갈 때 '거룩'의 태도를 가진다는 것은 창조주 하나님을 닮아간다는 것입니다. 그리고 거룩이, 하나님을 닮는 삶이 추상적이라고 생각하는 사람들에게 바울은 '말씀과 기도로'라는 구체적인 길을 제시해줍니다. 하나님의 형상을 닮기 위한 기본적인 통로를 하나님으로부터 듣는 말씀과 하나님께 아뢰는 기도의 길로 묘사하고 있는 것입니다.

여기서 본문의 앞 문맥, 디모데전서 4:1의 바로 앞 절인 3:16을 볼 필요가 있습니다. 바울이 아데미 이야기, 영육이원론 이데올로기의 해독제로 창조 이야기를 가지고 온 근거가 바로 여기 있습니다. 왜곡된 몸과 물질세계를 창조의 원안으로 되돌리기 위해 이 땅에 몸을 입고 성육신하신 그리스도의 새 창조가 있기 때문입니다.

크도다 경건의 비밀이여, 그렇지 않다 하는 이 없도다 그는 육신으로 나타난 바 되시고 영으로 의롭다 하심을 받으시고 천사들에게 보이시고 만국에서 전파되시고 세상에서 믿은 바 되시고 영광 가운데서 올려지셨느니라

바울은 여기서 예수 그리스도를 묘사하고 있습니다. 이 묘사는 아

마 당시의 찬송시 중 하나였을 것입니다. 우리가 주목해야 할 대목은 바로 첫 구절입니다. 바울은 예수가 육신 즉 몸으로 나타난 바 되셨다고 말합니다. 그리고 나서 바울은 이 사실에 근거하여 당시 에베소라는 정황 속에서 육신을 입고 사는 삶과 참된 영성과 신앙생활을 왜곡하는 거짓 가르침을 엄중히 경고하면서, 올바른 길, 올바른 신학을 제시하였습니다. 몸과 물질의 신학, 피조 세계에 대한 바른 관점과 태도는 창조와 재창조 이야기에 근거한 것입니다. 바른 신학의 바탕이 있어야 바른 윤리, 바른 신앙이 가능합니다.

한국 교회와 영육이원론

물질주의 이데올로기, 풍요로움을 지나치게 추구하는 것, 교회의 율법주의, 금욕주의와 혼합주의, 신비주의의 혼재 현상, 몸과 물질을 지나치게 억제하거나 지나치게 탐닉하는 일의 혼재. 저는 바울이 디모데전서를 썼던 에베소의 상황이 오늘날 우리 시대와 많이 닮았다고 종종 생각합니다. 그리고 어떤 의미에서 지난 2천 년이라는 세월에 걸쳐 교회를 어지럽혀온 영육 이원론, 즉 영혼과 육체를 분리하는 '미혹하는 영과 귀신의 가르침'이자 '양심이 화인 맞아서 거짓말하는', '믿음에서 떠난' 가르침들이 오늘날에도 우리 주변에 널리 퍼져 있다고 생각합니다. 누군가는 시공간적으로 멀리 떨어져 있는 그리스 철학의 영향을 받은 이런 가르침이 우리 시대, 우리나라에 뭐 그리 대단한 영향을 끼쳤겠느냐고 반문할 수 있겠지요.

저는 복음이 한반도에 뿌리를 내리면서 이런 이원론에 물든 거짓 가르침이 유독 한국 기독교에 지대한 영향을 끼친 이유는 무엇일까를 제법 오랫동안 고민했습니다. 그러다가 '아하!' 하고 깨달은 순간이 있었습니다. 우리 민족의 의식 세계 속에 옛날부터 자리잡고 있던 뿌리 깊은 생각, 바로 '사농공상'(士農工商)이라는 신분 의식의 영향 때문이라는 사실 말입니다. 정신적인 활동을 하는 선비는 양반이고 몸을 사용하는 농공상 계층은 천민이라는 계층적 신분 사회를 오래 경험한 우리 민족에게, 영혼과 정신의 활동은 선하고 육체는 악하다며 터부시하는 영육이원론에 근거한 거짓 가르침은 쉽게 스며들었을 것입니다. 그래서 우리 민족이 복음을 받아들인 초창기부터 영육이원론에 입각한 문제가 있는 가르침이 쉽사리 착근하지 않았나 싶습니다.

영육이원론의 가르침은 윤리적 삶의 태도로는 금욕주의를 낳았고, 교회 안의 신앙적인 행태로는 강력한 율법주의의 모습으로 나타납니다. 신학적으로는 배타적 근본주의 신학과 이어집니다. 그런데 앞에서 이야기했듯이, 아이러니하게도 영육이원론에 입각한 가르침의 결과 전혀 다른 윤리적 선택인 혼합주의 혹은 쾌락주의로 나타나기도 합니다. 윤리적 혼합주의나 쾌락주의가 신앙적인 행태로 드러난다면 육체의 금욕이 아니라 종교적인 자리에서만 영적인 것을 갈구하는, 소위 정신 혹은 영혼의 금욕 즉 의미론적 신비주의를 추구하게 됩니다. 교회 밖 세상에서는 세상의 이치를 따라 살다가 교회에 와서 종교적인 자리에 있으면 영적인 것을 추구하고 신비 경험을 추구합니다. 이것은 신학적으로는 종교 경험에 초점을 맞추는 자유주의 신학의 경향과 연결될 것입니다.

그동안 한국 교회 안에서 의지가 강한 소수의 사람들은 세상과 동떨어진 율법주의 방식을 선택했고, 나머지 대다수의 사람들은 세상과 혼합적인 삶을 선택하면서도 신앙에서는 신비주의적 신앙 행태를 취하였으며, 이런 신앙의 모습이 오히려 제대로 된 신앙이라고 여겨왔습니다. 말하자면 한국 교회는 바울이 그토록 개탄하였던 것처럼 '귀신의 가르침'을 따르고 있는 셈입니다.

한국 교회 상황이 이렇다 보니 소위 세상에서의 삶과 교회에서의 삶, 공적인 삶과 사적인 삶의 이분화를 자연스럽게 받아들이고, 복음의 공공성은 무시되며, 신앙은 더욱 사적인 것으로 사사화(私事化)되었습니다. 어떤 분들은 오늘날 한국 교회의 문제는 이원론이 아니라 혼합주의라고 이야기합니다만, 혼합주의의 뿌리에 교묘한 형태로 자리 잡고 있는 영육이원론의 실체를 본다면 영육이원론과 혼합주의 문제를 각각 독립된 개념으로 보고 구분할 일은 아닐 것입니다.

신학 용어 이해와 영육이원론

교회 안에서 영육이원론의 영향력이 얼마나 심각한지는 우리가 잘 알고 있다고 여기고 자주 사용하는 교회 용어들을 어떻게 이해하고 있는지를 물어보면 잘 드러납니다. 종종 교회나 기독교 모임의 청중에게 "여러분은 구원받은 확신이 있습니까?" 하고 물으면, 70-80년대 대학생 선교 단체나 그 영향을 받은 제자 훈련, 전도 훈련의 결과 때문인지 청중들 대부분이 긍정적인 반응을 보입니다. 그러나 "여러분은 하나님 나라, 천국 백성입니까?"라고 물으면 아까는 긍정했던 청중의 다수가 멈칫합니다. 한 번 더 "여러분은 영생을 얻었습니까?"라고 물으면 상당수가 유보적인 반응을 보입니다. 이들의 생각을 추측해보면 아마 다음과 같을 것입니다.

'영생은 영원히 산다는 것인데 일단은 죽어봐야 하는 일이고, 육신은 죽지만 영혼이 영원히 살게 될 텐데 이것을 영생이라고 한다면 내가 영생을 얻었는지는 아직 뭐라고 단정적으로 말하기 힘든걸.'

그런데 이런 생각은 기독교의 영생과는 전혀 관계가 없는 영혼불멸 사상입니다. 기독교가 말하는 영생은 영혼불멸 사상의 다른 표현이 아닙니다. 영원히 사는 생명이나 죽어서 영혼이 사라지지 않고 존재하는 것을 의미하지 않습니다.

성경이 말하는 영생은 3차원의 시공간으로 이해하는 생명을 넘어서는, 다른 차원의 생명입니다. 영원한 존재는 오직 하나님뿐이시기에 영생이란 하나님 차원의 생명을 말하는 것이며, 영생은 사후에 죽어서가 아니라 지금 우리가 살고 있는 여기에서 예수 그리스도를 믿을 때 얻는 것입니다.

성경의 많은 구절이 그리스도인들은 현재 여기에서 영생을 누리면서 살고 있으며, 영생이란 여기에서 시공간 3차원의 일상생활을 살면서 동시에 눈에 보이지 않는 차원인 천국, 하나님 나라, 하나님 보좌 우편에서 그리스도와 함께 있는 실존이라고 선언합니다.* 누가가 '구원'이라고 말한 것을 마태와 마가는 '천국'과 '하나님 나라'로 이야기했고, 요한은 같은 개념을 '영생'이란 말로 표현했으며, 이 개념들은 거의 호환하여 사용할 수 있습니다.

그런데 구원, 천국, 하나님 나라, 영생이란 용어를 이해할 때 영육이원론의 영향을 받아 심각한 왜곡이 빚어졌습니다. 그뿐 아니라 기독교 복음을 영혼만의 문제로, 죽음 이후의 문제로 축소하거나 환원하고 말았습니다. 그리고 그 결과, 위에서 이미 언급했듯이 윤리와 신앙

---

* 요한복음 5:24 "내가 진실로 진실로 너희에게 이르노니 내 말을 듣고 또 나 보내신 이를 믿는 자는 영생을 얻었고 심판에 이르지 아니하나니 사망에서 생명으로 옮겼느니라."
  에베소서 2:5-7 "허물로 죽은 우리를 그리스도와 함께 살리셨고 (너희는 은혜로 구원을 받은 것이라) 또 함께 일으키사 그리스도 예수 안에서 함께 하늘에 앉히시니 이는 그리스도 예수 안에서 우리에게 자비하심으로써 그 은혜의 지극히 풍성함을 오는 여러 세대에 나타내려 하심이라."
  골로새서 3:1-4 "그러므로 너희가 그리스도와 함께 다시 살리심을 받았으면 위의 것을 찾으라 거기는 그리스도께서 하나님 우편에 앉아 계시느니라 위의 것을 생각하고 땅의 것을 생각하지 말라 이는 너희가 죽었고 너희 생명이 그리스도와 함께 하나님 안에 감추어졌음이라 우리 생명이신 그리스도께서 나타나실 그때에 너희도 그와 함께 영광 중에 나타나리라."

행태와 신학에서 각자의 기질이나 환경이나 전통을 따라 금욕주의, 율법주의, 배타적 근본주의 혹은 쾌락주의, 혼합주의, 경험을 추구하는 신비주의, 자유주의로 귀결됩니다.

일상생활의 신학에서 일상생활의 영성으로

그렇기에 우리에게는 다시 한 번 창조의 신학과 성육신을 통한 새 창조의 신학이 필요합니다. 하나님의 창조 이야기, 아들 그리스도 예수께서 육신 곧 몸으로 이 땅에 와서 이루신 새 창조의 이야기, 바른 복음, 바른 신학, 바른 이야기를 회복해야 합니다. 그리하여 바른 이야기, 바른 신학은 바른 영성 추구로 이어질 것입니다. 또한 일상신학은 생활신앙, 생활영성으로 이어집니다. 디모데전서 4장에서 보는 것처럼 모든 것을 감사함으로 받으며, 말씀과 기도 안에 살고, 몸을 이해하고 몸으로 살아가는 것, 이것이 거룩의 길, 성부 하나님을 닮는 길, 참된 영성의 길입니다.

몸으로 살아가는 우리의 일상생활, 곧 성생활과 출산, 양육과 허드렛일, 생로병사와 희로애락, 춘하추동의 모든 생활세계를 감사함으로 받고 말씀과 기도로 행하면서, 그 모든 것 가운데 거룩이 무엇인지를 추구하는 삶, 이것이 바울이 이야기하는 일상생활 영성의 참모습입니다. 거짓 가르침, 귀신의 가르침을 극복하고 복음의 이야기, 그 참

모습을 찾는다면 모든 것이 회복되고 새로운 일상의 세계가 열릴 것입니다.

다음 장에서는 몸과 물질의 신학, 일상생활의 신학에서 몸과 물질의 영성, 일상생활의 영성으로 관심을 옮겨서 일상생활의 영성에 관해 더 깊이 생각해보려 합니다.

개인과 그룹을 위한 기초 성경 공부

(디모데전서 4:1–5)

1. 1절과 2절에서 어떤 사람들에 대한 바울의 묘사를 보면 어떤 사람이 떠오릅니까? 이런 묘사를 할 때 바울의 감정이 어땠을지 생각해봅시다. 왜 그런 감정을 가졌을까요?

2. 바울 당시 초기 기독교에서 이미 모습을 드러낸 잘못된 가르침은 무엇이며, 그것을 교정하는 성경적 관점은 무엇인지 아래의 표를 채워봅시다.
('부록 III'의 예시 참조, 198쪽)

디모데전서 4:1-5	귀신의 가르침	성경적 관점
물질과 육체에 관한 태도		하나님이 지으신 모든 것이 선하다
삶·윤리에 대한 입장	금욕주의·	
신앙 행태	·신비주의	참된 영성

3. 위 표에서 귀신의 가르침을 따르는 삶이나 윤리에 대한 입장과 정반대 되는 극단적 입장은 무엇이라고 생각합니까? 본문의 배경이 되는 사도행전 19장에서 바울이 에베소에서 경험했던 에피소드를 읽어봅시다. "이 두 가지 입장이 한 뿌리에서 나올 수 있다"라는 말을 어떻게 생각하는지 나눠봅시다.

4. 이 장을 읽고 느끼고 결심한 것을 한 문장 기도문으로 기록해봅시다.

5장
영성

영성

삼위일체 신앙과 일상생활의 제자도

피조 세계의 물질과 육체에 대한 그릇된 가르침이 그릇된 신학을 형성하고, 그릇된 신학에서 그릇된 영성 추구, 그릇된 신앙생활, 그릇된 제자도가 비롯됩니다.

물질과 육체를 금하는 금욕주의는 율법이나 신앙적 규칙을 준수하는 것을 통해 신앙을 고양하거나 다른 사람의 신앙을 판단합니다. 또한 특정한 기준을 가지고 안과 밖, 선과 악을 구분하기 좋아하는 배타적인 특성을 드러내므로 교회와 관련된 일에만 관심을 가질 뿐 세상과의 접촉을 최대한 피하는 것이 좋은 신앙이라는 태도를 가집니다.

이와 반대로 영이신 하나님께서 악한 세상, 물질과 육체에는 전혀 관심을 두지 않으신다고 생각하여 세상의 삶, 일상생활의 영역에서는 혼합주의적 쾌락주의에 빠져 살다가도, 신앙의 영역에 들어오면 특별한 체험 곧 접신(接神) 같은 방식을 추구하며 신비 경험을 통해 내적인 감동 충만에 이르려고 합니다.

이 모두 영육이원론의 영향을 받은 잘못된 영성 추구, 잘못된 신앙 생활입니다. 그렇다면 올바른 영성 추구는 어떤 것일까요?

영성, 제자도, 영적 형성

'영성'(靈性, spirituality)은 정의를 내리기가 참 힘든 말입니다. 이 말이 사용되는 폭이 매우 넓어서 사용하는 사람이 서 있는 자리에 따라 정의도 제각각이니 말입니다. 제가 말하려는 영성은 인간론의 삼분설이나 이분설에 입각하여 이 단어를 이해하는 입장과는 거리가 있습니다. 영(靈)을 인간의 구성 요소 중 하나로만 이해하거나 소위 육성(肉性)에 대비하는 어떤 것으로 이해하지 말아야 합니다.

이 부분에 있어서는 기독교 사상가 달라스 윌라드(Dallas Willard)가 자신의 책《마음의 혁신》(Renovation of the Heart, 복있는사람)에서 말하는 인간의 자아에 대한 이해 탐구*를 참고해볼 것을 권합니다. 달라스 윌라드는 전통적으로 인간의 몸을 동그라미로 그려놓고 그 안에 영혼을 배치하는 그림과는 전혀 다른 그림을 제시합니다. 그는 영혼

---

* 달라스 윌라드, 윤종석 옮김,《마음의 혁신》(서울: 복 있는 사람, 2003), 62.

을 육체와 대비되는 개념으로 이해하지 않습니다. 그에 따르면, 성경이 말하는 영혼이란 육신을 포함하여 의지와 마음인 심령, 사고와 감정인 생각, 그리고 사회적 관계 등을 포괄하는 전인격적 존재를 말합니다.

영 혹은 영성을 이런 개념으로 이해하면, 영성이 우리의 일상생활과 전혀 관계가 없다거나 일상생활의 한 부분에만 해당하는 것이 아니라는 이야기를 자연스럽게 할 수 있습니다. 수년 전 존 스토트가 어떤 잡지에서 현대에 영성이란 말을 유행처럼 사용하는 것에 대해 불편함을 표출하여 영성 대신 '제자도'라는 말을 사용할 것을 제안하였습니다. 영성이란 말이 워낙 다양하고 폭넓게 사용되다보니 성경이 말하는 제자도, 곧 그리스도를 따르며 그리스도의 분량에까지 자라가는 제자도와 관련한 통전적인 메시지를 왜곡하지 않을까 하는 조바심에서 나온 언급이 아닐까 생각해봅니다.

어떤 이들은 '영성'이라는 말을 '성령'과 관련지어 '성령의 인도와 충만'이라는 말로 표현하기도 합니다. 단어의 연관성을 살리고 그 의미도 성경적인 것으로 보완한다는 장점이 있어 보입니다.

사실 영이신 삼위일체 하나님을 고백하고 예배하는 기독교 신앙의 관점에서는 영성을 삼위일체적으로 정의하는 것이 바람직합니다. 영성은 영이신 삼위 하나님과의 관계를 말하는 것입니다. 하나님의 형상(imago Dei)으로 지음받은 인간은 죄로 일그러진(de-formation) 하나님의 형상을 회복하고 아버지의 형상을 형성(formation)하여 자녀됨의 관계를 누릴 수 있습니다. 이런 점에서 영성은 '영적 형성'(spiritual formation)이라고 말할 수도 있을 것입니다.

하나님 아버지의 형상을 세상에 보여주기 위해 오신 분이 예수 그리스도입니다. 아버지를 본 사람은 없지만 사람들은 독생하신 아들 예수 그리스도를 통해 아버지를 볼 수 있습니다. 그러므로 아버지의 형상이신 예수 그리스도를 따르는 제자의 삶, 다른 말로 '제자도'란 곧 하나님의 형상을 닮아가는 길입니다. 따라서 모든 삶의 영역에서 그리스도의 분량까지 자라가는 삶으로서의 제자도가 곧 영적 형성이자 영성입니다.

승천하신 예수 그리스도는 제자들에게 제자로서의 삶을 살 수 있도록 보혜사 성령을 보내겠다고 약속하셨습니다. 성령은 모든 것을 가르치고 인도하실 것입니다. 하나님 아버지의 형상을 닮아가는 영적 형성, 그리스도 예수를 따르는 제자의 길은 바로 성령의 인도와 충만 속에서 성령의 열매로 드러날 것입니다.

이처럼 영성이란 말을 삼위일체 신앙의 관점으로 다각도에서 보면, '영성'을 제자도, 영적 형성, 성령 충만한 신앙생활 같은 말과도 호환할 수 있습니다.

평범한 삶에서 최선을

우리가 복음과 구원에 대한 올바른 이해에 근거하여 영육이원론이라는 오래된 거짓 가르침(귀신의 가르침)을 극복하는 일상생활의 신학 위에 서 있다면, 그다음에 해야 할 질문은 '그러면 우리는 어떻게 살 것인가?'일 것입니다. 여기에 대한 대답이 바로 일상생활의 영성, 혹은 신앙생활이라는 단어의 순서를 바꾸면 만들어지는 단어인 '생활신앙'입니다.

19세기 영국 시인이자 사제였던 제라드 맨리 홉킨스는 이렇게 말합니다.

> 두 손을 높이 들고 하는 기도는 하나님께 영광을 돌린다. 하지만 거름 쇠스랑을 손에 든 남자, 오물통을 든 여자도 그분께 영광을 돌린다. 그분은 너무나 크시기 때문에 당신이 진심으로 모든 것이 그분께 영광을 돌려야 한다고 생각하면 실제로 그렇게 된다.*

또한 기독교 변증가 오스 기니스는 다음과 같이 얘기했습니다.

> 주님은 우리가 일상적인 일, 보이지 않는 일, 보상이 없는 일 가운데 그분께 순종하길 요구하신다. 우리는 화려한 순간과 우리 말을 경청

---

* 오스 기니스, 홍병룡 옮김, 《소명》, IVP, 2019, 311에서 재인용.

하는 청중에게서 우리의 자아상을 찾지만, 그분은 무대의 조명이 꺼진 상태에서 우리가 하는 평범한 일 가운데서 그것을 찾으신다.*

이에 더해 단조로운 일이야말로 우리의 성품을 평가하는 시금석이라는 오스왈드 챔버스의 말로 종합해보면, 결국 일상생활의 영성은 대단한 영적인 경험이나 프로그램을 통해서 얻는 것이 아닙니다. 단조롭고 평범한, 심지어 무의미한 허드렛일로 가득한 일상생활의 삶에 최선을 다하여 하나님의 형상이신 그리스도를 따라, 성령의 인도와 충만으로 살아가는 것이야말로 일상생활의 영성이라고 말할 수 있을 것입니다.

일상생활의 영성, 생활신앙을 추구했던 대표적인 인물이 로렌스 형제(Brother Lawrence)로 알려진 로렌스 니콜라 에르망입니다. 1614년 프랑스 동부 로렌 지역에서 태어난 로렌스는 30년 전쟁에 징집되어 참전했다가 심각한 부상을 당해 불구가 되었고, 그 후 일자리를 얻었으나 매사에 서투르고 실수를 연발하는 사람이었습니다.

1640년 평신도 수도사로 수도원에 들어가서 맡은 일은 부엌에서 식사를 준비하는 것이었습니다. 그는 주방 일을 하는 고된 일상 속에서 내적인 평강을 맛보기 시작했고, 하나님의 임재를 경험하며 깊은 교제의 기쁨을 누렸습니다. 나중에 다리에 궤양이 생기고 좌골신경통으로 고된 일을 못 하게 되자 말년에는 수도원에서 샌들 제작과 수선하는 일

---

* 오스 기니스, 앞의 책, 313.

을 맡았습니다.

낮은 지위에도 불구하고 일상생활 속에서 하나님의 임재를 경험하는 그의 삶이 점점 소문나기 시작했습니다. 조제프 드 보포르 수도원장(Abbé Joseph de Beaufort)이 로렌스 형제에게 하나님의 임재를 경험하는 삶에 관해 대담을 요청하여, 그와 나눈 이야기를 엮어 《하나님의 임재 연습》(The Practice of the Presence of God)이라는 책을 만들었습니다. 이 책은 그 후 가톨릭뿐 아니라 토저(A. W. Tozer) 같은 개신교 유명 인사들에게도 깊은 감명을 주었고, 우리나라 개신교 출판사 여러 곳에서도 번역되어 나왔습니다. 그의 이야기는 허드렛일을 하면서도 그 가운데 늘 하나님의 임재를 누리며 사는 생활신앙, 일상생활 영성의 정수를 보여줍니다.

일상 영성을 위한 3가지 기도 훈련

저는 "일상 영성과 영적 습관"이라는 제목으로 강의를 하면서 '임재 연습'을 위해 세 가지 단순한 기도 훈련을 제안한 적이 있습니다. 첫째는 식사기도 중심의 신앙생활을 하자는 제안입니다. 이는 식사기도 시간을 하나님의 임재를 구하는 시간으로 활용하자는 얘기입니다. 즉 "주님, 이 식사를 통해 육신이 채움을 받는 것처럼 내 삶이 그리스도의 영으로, 삼위일체의 임재로 충만하도록 도와주십시오"라고 기도드리는 것입니다.

둘째는 생활하는 가운데 잠시 잠깐 자신의 호흡에 주목하며 드리는 호흡기도입니다. 호흡은 생명 활동에 정말 중요하지만 거의 의식하지 못하기에, 저는 혼자 있거나 모임을 시작할 때 가끔씩 이 호흡에 집중하는 시간을 가집니다. 호흡기도란 자신의 들숨과 날숨을 의식하면서, 날숨에 자신의 죄를 뱉어내고 들숨에 성령을 들이마신다는 의식을 가지고 잠시라도 호흡으로 기도하는 것입니다.

셋째는 예수기도(Jesus Prayer)의 활용입니다. 정교회에서는 이것을 '심장의 기도'라고 하는데, 매우 단순하면서도 강렬하며 짧은 기도입니다. 마가복음 10:47에서 맹인 바디매오는 지나가시는 예수님께 "다윗의 자손 예수여, 나를 불쌍히 여기소서!"라고 절박한 목소리로 외칩니다. 예수기도는 삶의 매 순간 이러한 외침을 화살기도처럼 드리는 것입니다. "주 예수 그리스도 하나님의 아들이시여"라고 말하면서 성령을 들이마신 후 "이 죄인에게 자비를 베푸소서"라고 말하면서 죄를 뱉어내는 방식으로, 이 기도를 앞에서 말한 호흡기도와 함께 하면 상승 작용이 있습니다.

한편 이런 임재 연습 혹은 기도 훈련을 통해 모든 일상의 순간을 하나님께 드리는 기도의 언어로 바꾸는 '일상기도'*도 일상 영성을 위한

---

* 정한신,《일상기도: 첫 번째 기도》,《일상기도: 두 번째 기도》(죠이선교회, 2019)는 일상기도 훈련의 결과물이라고 할 수 있습니다.

좋은 훈련입니다.

개인적인 임재 연습 외에 교회 공동체가 함께 할 수 있는 습관과 미덕의 훈련도 일상생활의 영성과 생활신앙에 큰 유익을 줍니다. 특히 교회력을 활용하는 것은 1년 365일을 삼위 하나님의 일하심이라는 시간적 틀을 갖고 생각하고 기억하며 생활하도록 일깨워주는 유익이 있습니다.*

그 외에도 공동 예배의 예전(liturgy)을 잘 활용하거나 제대로 구성하여** 일상생활 영성의 깊이를 더할 수도 있습니다. 교회 공동체를 통한 영적 습관형성과 성품 훈련에 대해서 스탠리 하우어워스의《교회됨》이나 톰 라이트의《그리스도인의 미덕》***, 제임스 스미스의《하나님 나라를 욕망하라》를 비롯한 문화적 예전 3부작****이 큰 도움이 됩니다.

---

* 로버트 E. 웨버, 이승진 옮김,《교회력에 따른 예배와 설교》(기독교문서선교회, 2012)를 참고하면 큰 도움이 됩니다.
** 마이클 프로스트, 오찬규 옮김,《세상을 놀라게 하라》(넥서스CROSS, 2016)를 참고하시기 바랍니다. 이 책 뒷부분의 긴 추천사(192-200쪽)에서 저는 마이클 프로스트의 창의적 예전을 변용한 '미션얼 예전'의 구성과 활용을 이야기한 바 있습니다.
*** 스탠리 하우어워스, 문시영 옮김,《교회됨》(북코리아, 2010). 톰 라이트, 홍병룡 옮김,《그리스도인의 미덕》(포이에마, 2010).
**** 제임스 스미스, 박세혁 옮김,《하나님 나라를 욕망하라》(IVP, 2016),《하나님 나라를 상상하라》(2018),《왕을 기다리며》(2019).

채움인가, 잠김인가?

———

 이런 구체적인 훈련을 수행하는 것이 도움은 되지만 생활신앙, 일상생활 영성의 가장 중요한 기초를 놓쳐버린 훈련의 수행은 또 다른 자기 의의 표현인 자랑이 되거나 끊임없이 추구하다가 좌절하는 경험으로 귀결될 수도 있습니다. 그렇게 되면 하나님의 형상을 닮는 일, 그리스도를 따르는 제자의 삶, 그리스도의 분량까지 자라나는 일, 성령의 인도를 받는 삶, 성령 충만한 일상생활과는 오히려 거리가 멀어지고 맙니다. 다음의 이야기는 이런 끝없는 추구의 삶을 잘 보여줍니다.

 다화는 이번 영성 수련회에 기대하는 바가 크다. 학생 시절부터 다화는 내면이 충만한 삶에 관심이 많았다. 그래서 다양한 세미나와 훈련을 거의 다 섭렵하였다. 학생 시절 모 선교 단체를 통해 받았던 각종 멤버 훈련과 리더 훈련을 통해 성경을 보는 눈이 열리고 세계를 이해하는 시각이 열리는 것을 경험하였다. 그 후 졸업하고 나서도 MBTI, 에니어그램 등의 자기 성찰 프로그램을 통해서 자기 기질의 장단점과 죄성에 대해서도 잘 알게 되었다. 잠시 휴가를 내어서 어떤 단체에서 하는 제자 훈련에 참가하여 다른 사람들을 이해하고 용납하는 경험도 하였고, 내적 치유와 성령의 기름 부으심도 경험하였다.

이 모든 훈련이나 세미나를 마칠 때쯤이면 내면의 충만한 기쁨과 감격을 경험하였지만, 문제는 이런 감격들이 오래가지 않는다는 것이었다. 이번 영성 수련회는 개신교 수도 공동체에서 하는 영성 수련회이다. 렉치오 디비나와 관상기도를 통해 새로운 신앙의 차원을 발견했다는 친구의 권유로 참여하게 된 이 영성 수련회를 통해 그녀 자신도 새로운 신앙의 차원을 발견하고 내면의 다함 없는 평화와 충만을 경험하기를 원한다.*

우리 주변에서 경험하는 신앙생활의 현실이 대개는 이런 모습입니다. 교회는 교회대로 각종 프로그램과 기회를 제공하여 신자들의 내면을 채워주려고 애쓰지만, 대개는 사역자들 개인 관심사가 성도들의 삶의 현실과는 괴리된 형태로 투영될 뿐입니다.

성도들도 부지런하면 할수록, 소위 헌신하면 할수록 끊임없이 내면을 무언가로 계속 채워넣으려는 시도를 합니다. 성경 공부와 제자 훈련이 끝나면 또 다른 무엇인가로 채워야 할 만큼 내면의 영적 갈망은 끝이 없습니다.

끝없는 영적 갈망을 채우기에는 현실의 삶이 그리 우호적인 공간은 아닙니다. 그러므로 신앙이란 현실 세계를 떠나 존재하는 것처럼

---

* 이 이야기는 실제 현실을 바탕으로 하여 가상으로 풀어낸 글로, 일상생활사역연구소 홈페이지에서 가져왔습니다. https://1391korea.net/bbs/board.php?bo_table=main_1391&wr_id=33 "성령 충만, 밑 빠진 독에 물 붓기인가?"

여겨지고, 우리의 일상생활은 성령 충만과는 상관없는 공간이 되고 맙니다.

영화 〈달마야 놀자〉에 이런 장면이 나옵니다. 노스님이 암자의 스님과 건달들에게 문제를 냅니다.

"밑 빠진 독에 물을 가득 채우는 사람이 이기는 거야. 10분 안에 다 채워야 하는데, 깨진 부분에 손을 대거나 막으면 안 돼."

스님과 건달들은 물을 부어보기도 하고, 몰래 발로 흙을 긁어서 깨진 부분을 막아보기도 하고, '물이 마음이고 마음이 물이며 몸과 마음이 다르지 않다'라는 궤변을 늘어놓으며 깨진 독 안에 들어가 앉아보기도 하지만, 노스님한테는 아무것도 통하지 않습니다. "난 물을 채우라고 말했지 사람을 채우라고는 안 했다. 답이 아니야."

예정된 10분이 다 되어갈 즈음에 건달 재규가 부하들에게 "항아리 들고 따라와, 빨리!" 하면서 뛰어가고, 뛰어가는 재규를 따라 부하들도 밑 빠진 독을 들고 뛰기 시작합니다. 다음 장면에서 재규 일당은 시원하게 떨어지는 폭포수 아래 연못처럼 패인 웅덩이에 독을 던집니다. 재규 일당이 던진 밑 빠진 독이 잠기면서 조금씩 물이 차오르더니 마침내 밑 빠진 독에 물이 가득 채워집니다. 이것을 바라보던 노스님이 이렇게 말합니다.

"독에 가득 든 물이 찰찰 넘치는구나! 아주 좋다! 시원하다!"

이 장면은 신앙생활이 무엇인지, 충만한 삶이 무엇인지, 성령 충만이 무엇인지를 너무나 잘 보여주는 일화입니다. 우리는 깨진 독과 같은 우리 내면에 무언가를 열심히 채워넣으려는 노력을 멈춰야 합니다. 그것은 아무 소용이 없는 일입니다. 아무리 많이 쏟아부어도, 아무리 깨진 부분을 메꾸고 감추려고 노력해도 그것은 불가능합니다. 교회 역시 이런 방식의 노력을 신앙생활의 전부로 이해시키고 성도들로 하여금 끊임없이 노력하도록 몰아세워서는 안 됩니다.

그러면 어떻게 해야 한다는 말입니까? 깨지고 텅 빈 내면을 채우려 할 것이 아니라 어딘가에 잠기면 됩니다. 그리고 우리가 잠길 곳은 삼위 하나님 안입니다. 다시 말해서, 우리에게 필요한 것은 **삼위 하나님 안에 잠기는 것**입니다.

삼위 하나님 안에 잠기는 경험

삼위 하나님 안에 잠긴다는 말은 구체적으로 무엇을 의미할까요? 우리가 믿고 세례를 받을 때 '성부와 성자와 성령의 이름으로 세례'를 받습니다. 다른 말로 하면 삼위일체 하나님의 존재 안으로 잠기는 것(baptizing in the name of the Father, of the Son, of the Spirit)입니다.* 세례는 우리의 믿음을 공중 앞에서 드라마로 재현하고 고백하는 행위입니다.

---

* 마태복음 28:19b(NIV)

그래서 이 세례에는 믿음의 내용이 들어가 있습니다.

우리가 회심하고 중생을 경험하는 것은 삼위일체 하나님과 깊은 관계가 있습니다. 우리가 다 알듯이 성자 예수 그리스도를 통하지 않고는 아버지에게 올 자가 없습니다. 그리고 성부의 부르심(소명)이 없으면 우리는 성자 예수 그리스도를 찾을 수가 없습니다. 또한 성령이 우리 죄를 씻어주고 깨끗하게 하시는 역사가 아니고는 우리가 죄인이라는 것을 인정하고 그리스도를 주로 시인하지 못합니다. 이렇게 우리 신앙은 출발부터 철저히 삼위일체 하나님의 일하심에 기초하고 있습니다.

세례는 이런 삼위일체 하나님 신앙에 잠기는 것을 말합니다. 그 은혜에 잠겨 충만해지는 것입니다. 기독교 신앙은 텅 빈 우리 마음에 뭔가를 집어넣고 비면 또 채워넣는 것이 아닙니다. 신앙을 고백하고 세례를 받을 때, 깨진 독이 물에 잠기듯 우리의 깨진 인격과 삶이 삼위 하나님의 존재 안으로 잠기는 것입니다. 그래서 우리가 어떤 사람이든지 상관없이 삼위 하나님의 충만을 누릴 수 있는 것입니다.

물에 잠기는 경험은 세례로 끝나지 않습니다. 신앙의 출발인 회심과 거듭남 이후의 삶, 성화의 삶에서도 물에 잠기는 경험은 계속됩니다. 사람들은 자신과 세상을 지으신 성부 하나님이 조물주로 존재하신다는 것을 알고, 자신이 죄인이기 때문에 성자 예수 그리스도가 필요하고 그 예수를 믿어야 하며, 믿을 때 회심과 거듭남이 일어난다고 생각합니다. 그러고 나서 신자의 삶을 살아가는 데 뭔가 거대한 힘과 동력이 필요하므로 성령의 기름 부음이 따로 필요한 것처럼 생각합니다.

하지만 이것은 매우 커다란 오해입니다. 근대 계몽주의 이후 개인을 강조하던 사상과 다분히 관련이 있어 보입니다. 모든 것이 '생각하는 나'(Cogito ergo sum)에서 시작됩니다. 늘 '나'에게 초점을 맞추고 있으므로 '나'의 필요에 따라서 '성부' 혹은 '성자' 아니면 '성령'이 필요한 것처럼 생각하는 경향이 암묵적으로 현대의 신앙생활에 편만해 있습니다. 사실 이런 생각은 세 분의 신이 있다고 여기는 '삼신론'에 가깝습니다. 나의 필요를 충족하기 위해 내가 충만해져야 하고, 나의 신앙적 성취를 위해 하나님의 위격 중 하나가 필요하다고 생각하는 사고입니다.

특별히 그리스도인의 삶을 살기 위해서는 '성령'이 필요하기 때문에 '성령 충만'을 따로 구한다든지 '성령 세례' 혹은 '성령의 기름 부으심'을 구하는 태도는, 신앙이 좋은 것처럼 보이나 사실은 '나 중심주의'의 반영입니다. 성경적으로 말하자면, 우리가 처음 세례를 받을 때 성부와 성자와 성령의 실재 안으로 들어가 그 속에 잠겨 충만을 경험한 것처럼, 오히려 세례가 의미하는 실재 속에 계속하여 남아 있으면서 그것을 유지하며 살아가는 것이 그리스도인의 삶의 여정이며 성화입니다.

그래서 바울은 그리스도인의 회심 이후 성화를 향해 나아가는 삶에서도 끊임없이 처음 신앙을 고백하던 세례의 장면을 기억하고 생각하라고 요청합니다. 그는 로마서 6:1-4에서 이렇게 말합니다.

> 그런즉 우리가 무슨 말을 하리요 은혜를 더하게 하려고 죄에 거하
> 겠느냐 그럴 수 없느니라 죄에 대하여 죽은 우리가 어찌 그 가운데
> 더 살리요 무릇 그리스도 예수와 합하여 세례를 받은 우리는 그의
> 죽으심과 합하여 세례를 받은 줄을 알지 못하느냐 그러므로 우리가
> 그의 죽으심과 합하여 세례를 받음으로 그와 함께 장사되었나니 이
> 는 아버지의 영광으로 말미암아 그리스도를 죽은 자 가운데서 살리
> 심과 같이 우리로 또한 새 생명 가운데서 행하게 하려 함이라

바울은, 우리가 세례를 통해 그리스도와 함께 죽고 그리스도와 함
께 부활하는 존재가 되었다면, 그것과 동일하게 지금 그리스도와 함
께 지금 하늘에 앉아 있는 존재, 하나님의 보좌 우편에 앉아 있는 존
재도 되었으니 그에 합당한 삶을 살아야 한다고 다른 성경 본문에서
도 반복하여 말합니다.

> 허물로 죽은 우리를 그리스도와 함께 살리셨고 (너희는 은혜로 구
> 원을 받은 것이라) 또 함께 일으키사 그리스도 예수 안에서 함께
> 하늘에 앉히시니 이는 그리스도 예수 안에서 우리에게 자비하심으
> 로써 그 은혜의 지극히 풍성함을 오는 여러 세대에 나타내려 하심
> 이라(엡 2:5-7)

그러므로 너희가 그리스도와 함께 다시 살리심을 받았으면 위의 것을 찾으라 거기는 그리스도께서 하나님 우편에 앉아 계시느니라 위의 것을 생각하고 땅의 것을 생각하지 말라 이는 너희가 죽었고 너희 생명이 그리스도와 함께 하나님 안에 감추어졌음이라 우리 생명이신 그리스도께서 나타나실 그때에 너희도 그와 함께 영광 중에 나타나리라(골 3:1-4)

그러므로 그리스도인으로서 하루하루 살아가는 일상의 삶에서 제자도를 위해 온갖 노력으로 안으로 열심히 채우려 하지 말고, 우리 존재가 삼위 하나님의 충만에 이미 잠겨 있다는 사실을 기억해야 합니다. 끊임없이 내 속에 무언가를 채워넣으려고 부단히 애쓰는 것을 신앙생활이라고 생각해서는 안 됩니다. 만약 신앙생활이 내 속을 채우는 일이라고 생각한다면, 그것은 신앙을 관계로 이해하는 것이 아니라 자기 수양과 자기 성취, 자기 의로 이해하고 있기 때문입니다. 우리는 신앙을 삼위 하나님과의 관계로 이해해야 합니다. 삼위 하나님의 실재 속으로 들어가 그 안에 잠겨 충만함을 누려야 합니다. 삼위 하나님과의 올바른 관계를 누릴 때 신앙의 균형을 잡을 수 있고, 올바른 신앙이 되며, 이것이 제자의 삶으로 연결됩니다.

캐나다 리젠트 칼리지의 설교학 교수였던 데럴 존슨이 쓴 《삼위 하나님과의 사귐》(*Experiencing the Trinity*, IVP)은 짧지만 영향력이 큰 책

으로, 이 '관계'와 '균형'을 잘 알려줍니다.[*]

관계

올바른 관계는 삼위일체 신앙, 삼위일체의 실재에 푹 잠겨 일상생활을 하게 합니다. 성부 성자 성령 삼위 하나님이 누리시는 삼위일체 안의 내적 관계(*perichoresis*)는 인간의 모든 관계의 원형이요 기초가 됩니다. 인간은 하나님의 형상을 닮도록 창조되었기에 삼위 하나님의 사랑의 관계도 그 형상에 반영되어 있습니다. 삼위 하나님 안에 잠기는 '충만'을 경험한다는 것은, 다른 말로 이런 삼위 하나님의 관계 안에 거하는 것입니다.

요한복음은 이런 관계 안에 거한다는 것이 무엇인지를 잘 보여줍니다. 우리가 잘 아는 요한복음 15장은 포도나무에 가지가 붙어 있는 그림을 통해 하나님의 생명에 붙어 있는 삶, 다르게는 하나님의 말씀 즉 그 계명 안에 거하는 삶에 대해 이야기합니다. 요한복음 17장에서는 이것을 "아버지께서 내 안에, 내가 아버지 안에 있는 것같이 그들도 다 하나가 되어 우리 안에 있게"라고 표현합니다. 여기서 함께 춤

---

[*] 이하의 내용은 데럴 존슨, 김성환 옮김, 《삼위 하나님과의 사귐》(IVP, 2006)에서 많은 통찰을 얻었습니다.

춘다는 의미를 가진 '페리코레시스'(perichoresis)라는 단어를 썼는데, 춤추듯 하나인 삼위 하나님의 관계가 확장되어 제자 공동체가 삼위 하나님 안에 들어가고 잠기어, 관계적인 용어로 '하나'가 되는 경험을 하게 됩니다. 삼위 하나님과의 올바른 관계는 제자 공동체의 올바른 관계로 연결되게 마련이라는 말입니다. 이렇듯 하나님과의 관계는 공동체 지체들과의 관계, 사회적인 관계로 연결되고 확장됩니다.

올바른 관계를 성경은 '의'(義)라고 말합니다. 성경이 말하는 의는 한 개인의 덕성이나 법적·추상적 덕목이 아니라 관계 속에서 드러나는 것으로 이해해야 합니다. 관계가 올바를 때 그것을 의롭다고 말합니다. 그런 점에서 우리는 하나님과의 올바른 관계, 인간 상호간의 올바른 관계, 자아와의 올바른 관계, 일과의 올바른 관계, 생태계와의 올바른 관계 같은 모든 관계를 통해 의를 추구해야 합니다.

우리의 일상생활은 자기 자신, 주변 사람, 일, 정사와 권세, 동식물과 생태계 등 이 모든 것과의 관계 없이는 존재할 수 없습니다. 따라서 우리는 모든 관계에서 올바른 관계 즉 의를 추구해야 합니다. 삼위 하나님과의 올바른 관계를 통해 의롭다 하심을 받은 자라면 일상생활 속에서도 의를 추구해야 합니다. 그리스도인은 일상생활 전반에서 올바른 관계를 추구하는 사람들이어야 합니다. '충만'(성령 충만, 말씀 충만, 생명 충만 등)은 이렇게 '관계' 속에서 구체적으로 드러나게 되어 있습니다.

이와 반대로, 말로는 신앙생활을 강조하면서도 여전히 자기 내면에 뭔가를 채워넣으려고 늘 애쓰는 사람들은 신앙이 삼위 하나님과의 관계 안에서 인식되어야 함을 알지 못하는 것입니다. 이런 사람들은 다양한 '관계' 속에서 의, 즉 올바른 관계를 추구하는 삶에는 무지한 채 특정한 종교 영역에서만 뜨거운 체험을 추구합니다. 이런 신앙은 예수 그리스도 안에 드러나고 성령의 증거로 우리에게 계시된 삼위 하나님 안에 잠기는 충만 외에 다른 충만을 추구하는 것이며, 결국은 영지주의적 혐의를 벗어나기가 힘듭니다.

균형

───────

삼위일체 신앙, 삼위일체의 실재에 푹 잠겨 사는 삶은, 균형으로 그 모습을 드러냅니다. 데럴 존슨은 그의 책에서 이렇게 말합니다.

그리스도인의 삶은 삼위일체에 뿌리를 두고 형성된다는 점에서 다리가 세 개인 의자와 같습니다. 다리 하나를 빼내면 의자는 흔들리다가 곧 넘어지고 맙니다. 다리 둘을 빼내면 곧바로 의자는 넘어집니다.*

───────

* 데럴 존슨, 앞의 책, 54.

실제로 많은 그리스도인들이 '삼위로 존재하시는 한 분 하나님'이 아니라 한 분이 이런저런 모양으로 나타나신다고 주장하는 양태론을 취하거나, 성부 하나님에게 성자나 성령 하나님이 예속되어 있다는 이해 방식을 취함으로써 균형을 잃어버립니다. 세 분의 신이 각각 따로 일하시기 때문에 시대나 필요에 따라 각각 다른 신을 구하고 강조하는 삼신론적 경향도 교회의 역사에서 자주 발견됩니다. 교회의 역사를 보면, 제각각 성부 혹은 성자를 강조하거나 성령을 강조하다가 인간 자신이 가지고 있는 시계추 경향(pendulum tendency), 곧 한쪽으로 치우치는 성향 때문에 한쪽을 지나치게 강조하면서 신앙의 균형을 잃은 모습이 종종 등장합니다.

저는 최근에 한국 교회가 한 방향으로 달려가는 징후가 보인다고 생각합니다. 바로 성령에 대한 강조입니다. 만약 개인과 교회의 이런저런 답답한 현실을 타개하려는 실용적인 목적으로 성령을 강조하는 것이라면, 이것은 신앙의 균형과는 거리가 멉니다. 왜 그럴까요? 이미 이야기한 대로 신앙의 출발부터 지속적인 여정까지 그 모든 과정에서 성삼위 하나님이 늘 춤추듯이 하나로 함께 일하시기 때문입니다. 성부와 성자 없는 성령의 사역은 상상조차 할 수 없습니다. 마찬가지로 성부와 성령 없는 성자의 사역은 불가능하며, 성자와 성령이 없는 성부만의 사역도 존재하지 않습니다. 우리가 믿는 하나님은 성자 예수 그리스도 안에서 인간에게 계시되고 성령을 통해 조명되고 믿음을 갖게 하는 하나님, 성부 성자 성령 성삼위 하나님이십니다.

삼위 하나님과 함께 사랑하는 자

데럴 존슨은 "사랑이신 하나님이 나에게, 죄인이며 죽을 수밖에 없는 나에게 다가오십니다. 그래서 나로 하여금 다시 그분께 다가가게 하십니다. 내가 사랑하시는 자(성부), 사랑 받으시는 자(성자), 그리고 사랑 그 자체(성령)의 원 안으로 다가오도록 하십니다. **나는 하나님과 더불어 '함께 사랑하는 자'가 되는 것입니다**"*라고 고백합니다. 그러면서, 여기에 복음이 있고, 이것이 하나님 나라의 의미이며, 하나님과 친구가 된다는 것이고, 자신이 존재하는 유일한 이유라고 말합니다. 그는 또 이렇게 말합니다.

> 삼위일체 하나님의 사랑의 원 안에서 '함께 사랑하는 자'가 되기 위해 창조되고 구원받은 존재라는 조명 안에서 모든 것을 보게 되었습니다. … 우리는 **하나님을** 하나님과 '함께 사랑하는 자'이며(예배), **서로를** 하나님과 '함께 사랑하는 자'이며(공동체), **세상을** 하나님과 '함께 사랑하는 자'입니다(선교)."**

데럴 존슨이 말한 것처럼 예배의 참된 의미는 '하나님과 함께 하나

---

* 데럴 존슨, 앞의 책, 62. 강조체는 제가 첨가한 것입니다.

** 데럴 존슨, 앞의 책, 63-64. (예배) (공동체) (선교)는 제가 첨가한 것입니다.

님을 사랑하는 자'가 되는 것입니다. 성부는 성자를, 성자는 성부를, 성령은 성부와 성자를 예배하고 예배 받으십니다. 그리고 우리는 성령을 통해 이미 서로 합당하게 영광과 찬양과 예배를 받으시는 삼위 하나님 안으로 초대받습니다. 그러므로 제대로 된 예배를 드리지 못하는 것 때문에 조바심을 낼 필요가 없고 걱정할 필요도 없습니다. 예배는 삼위 하나님 안에서 이미 일어나고 있고 우리는 거기에 초대될 뿐이기 때문입니다.

한편 공동체이신 삼위일체의 원 안에서 우리도 공동체로서 다른 사람을 보게 됩니다. 교회라고 불리는 공동체 안에서의 사랑 또한 얼마나 변덕스럽고 얼마나 제한적입니까? 분명 우리는 예수님이 우리를 사랑하시는 것처럼 공동체의 다른 사람을 사랑할 수 없습니다. 다만 예수님과 함께 다른 사람을 사랑할 따름입니다. 데럴 존슨은 말합니다.

> 우리는 항상 삼위일체 하나님 안에서, 그리고 삼위일체 하나님과 함께, 서로와 관계를 맺습니다.*

그렇기 때문에 그 무엇도 성도의 교통을 끊을 수 없습니다. 예배와 공동체 둘 다에서 우리의 마음이 편할 수 있는 것은 우리 힘으로 예배

---

* 데럴 존슨, 앞의 책, 69.

하고 우리 힘으로 사랑하는 것이 아니기 때문입니다. '하나님과 함께' 사랑하는 자가 되기 때문입니다. 우리는 하나님과 함께 하나님을 사랑하는 예배를 드리고, 하나님과 함께 공동체를 사랑하게 됩니다.

생활신앙의 기초, 삼위일체 신앙

마지막으로 그 마음에 세상을 품고 계시는 하나님에게 다가가면 갈수록, 세상과 사람들을 향한 삼위 하나님의 사랑을 알고 느낄 수 있습니다. "하나님이 세상을 이처럼 사랑하사 독생자를 주셨으니 이는 그를 믿는 자마다 멸망하지 않고 영생을 얻게 하려 하심이라"(요 3:16). 그래서 우리도 하나님이 이처럼 사랑하시는 세상과 사람들을 사랑하지 않을 수가 없으며, 이것이 곧 선교입니다. 우리는 세상을 하나님과 '함께 사랑하는 자'로 부르심을 입었습니다.

예배, 공동체, 선교, 예수님을 따르는 제자의 삶, 제자도의 요소 중 우리의 자원에 의지하여 가능한 것은 아무것도 없습니다. 오직 삼위 일체 하나님 안에서 하나님과 함께 사랑할 때만 가능해집니다. 삼위 하나님 안에 잠기지 않고 충만함이 없는, 삼위 하나님과의 참된 관계의 균형이 없는 예배와 공동체와 선교는 아무것도 아닙니다. 그것은 다만 인간의 이벤트일 뿐입니다. 우리의 예배와 공동체, 그리고 세상을 향한 선교의 근거가 어디에 있는지 재확인하여야 할 때입니다.

그리스도와 동행하는 삶, 성령으로 충만한 삶, 하나님의 생명인 영생을 누리는 삶은 교회당 안과 각종 종교적 프로그램과 예배 행위를 통해서만 가능한 것은 아닙니다. 세상 속에서, 일상생활의 건조함 가운데서도 성령 충만을, 하나님의 임재를 누릴 수 있습니다. 그것이 어떻게 가능합니까? 오직 우리가 삼위일체 하나님 안에 잠겨 충만할 때, 아버지가 그리스도 안에, 그리스도가 아버지 안에 있듯이 다 하나가 되어 삼위일체 안에 있을 때(*perichoresis*) 가능합니다. 그러므로 삼위일체 신앙, 이것이 생활신앙의 진정한 기초입니다. 삼위 하나님의 임재 연습은 삼위 하나님 안에 잠겨 있는 우리의 보화와 자원을 기억하고, 이미 우리에게 있는 이 보화와 자원을 만끽하는 것입니다.

문제는 이 모든 것이 우리 혼자만의 능력이나 힘으로 되지는 않는다는 것입니다. 인간은 하나님의 형상으로 지음받았으므로 영적 존재인 동시에 사회적 존재입니다. 그렇기 때문에 복음과 구원의 경험, 영성 혹은 제자도 역시 개인적이라기보다 공동체 안에서 잘 체득하고 유지할 수 있습니다. 앞에서 언급한 교회력 사용과 예전을 통한 예배의 기억, 성례를 행하면서 삼위 하나님 안에 잠긴 존재가 되어 생명을 갖고 살아가는 것은 교회 공동체를 통해 습득하는 것입니다.

일상을 하나님께 드리는 예배인 동시에 이웃을 향한 섬김으로 이해하는 일상생활 사역, 창조의 선함과 성육신의 가치 및 몸의 구속을 믿는 일상생활 영성을 추구하고, 생활신앙의 기초로서 삼위일체 신앙과 영성을 계속 추구해 나가야 합니다. 이 모든 것이 교회 공동체와 어떤 관계가 있으며, 교회는 일상생활 사역, 일상생활의 신학, 일상생활의 영성을 어떻게 도울 수 있는지 이제 생각해볼 차례가 되었습니다.

개인과 그룹을 위한 기초 성경 공부

──────

(마태복음 28:19; 로마서 6:1-4; 에베소서 2:5-7; 골로새서 3:1-4)

1. 네 개의 본문을 읽으면서 반복되는 단어나 심상을 찾아봅시다.

2. 본문을 비교하면서, 그리스도를 처음 믿을 때에 받은 세례에 대한 묘사와 그리스도인으로 살아가는 삶에 대한 묘사를 찾아봅시다. ('부록 Ⅲ'의 예시 참조, 199쪽)

채움인가, 잠김인가?	세례	그리스도인의 일상 삶
마태복음 28:19		해당 묘사가 없음
로마서 6:1-4		
에베소서 2:5-7		
골로새서 3:1-4		

3. 본문의 묘사는 영성, 신앙생활, 제자도를 끊임없는 노력과 추구로 이해
하는 것과 어떤 차이점이 있다고 생각합니까?

4. 이 장을 읽고 느끼고 결심한 것을 한 문장 기도문으로 기록해봅시다.

6장
교회

교회

일상 교회, 미션얼 교회

영화 〈밀양〉이나 〈친절한 금자씨〉에서 묘사하고 있는 교회나 그리스도인들의 부정적인 모습은, 불행하게도 이제 어떤 매체에서든지 쉽사리 경험하는 클리셰(cliché, 과도하게 사용되는 진부한 표현—편집자)가 되어버렸습니다. 교회와 그리스도인이 수치를 당하고, 사람들은 복음과 기독교가 말하는 구원을 거부하거나 무시합니다. 도대체 어디서부터 잘못된 것일까요? 어떻게 하면 이런 오명과 그릇된 평판에서 벗어날 수 있을까요?

여기저기서 여러 가지 제안들이 무성하게 나오고 있습니다. 저는 지금까지 서술해온 것처럼, 복음을 축소하고 하나님의 구원을 제한하여 전한 것, 특히 그릇된 가르침인 영육이원론에 사로잡혀 성경을 읽기에 잘못된 삶을 선택하고 잘못된 신앙 행태를 취한 것이 무엇보다도 심각한 원인이라고 생각합니다. 교회와 그리스도인들은 신앙과 삶을 분리했고, 신앙생활을 생활신앙으로 연결하지 못했으며, 교회와 주일과 예배 행위는 중요시하면서 교회 밖 일터와 살림의 자리인 가정, 마을과 학교, 친구들과의 관계 등에서는 복음이 무엇을 의미하는지 보여주지 못하였습니다.

일상을 아예 도외시하는 그리스도인들도 문제이지만, 복음과 상관없이 그저 일상생활의 방식과 원리로 일상을 살아가는 대부분의 그리스도인들과 그것을 방조하는 교회가 문제의 근원입니다. 달리 말하자면, 오늘날 교회와 그리스도인들의 문제는 일상을 하나님께 드리는 예배(service)이자 이웃을 섬기는 섬김(service)으로 여기는 일상생활 사역의 정신이 부재한 데서 기인했다고 할 수 있습니다.

교회가 문제다

이런 심각한 문제를 그리스도인 개개인의 잘못으로만 치부할 수는 없으며, 결국 교회의 가르침과 분위기의 문제로 귀착될 수밖에 없습니다. 교회 공동체의 분위기가, 교회 지도자들의 가르침과 강조가 한쪽으로 치우쳐 복음의 반쪽 혹은 일부만 이야기해왔기 때문이며, 더욱 심각하게는 교회가 왜곡된 복음, 잘못된 가르침으로 가득 차 있기 때문입니다. 저는 이런 현상이 교회 안에서 반복 재생산되면서 한국 기독교 전체가 불명예를 경험하게 되었다고 진단합니다.

그러므로 이 모든 문제를 해소하기 위해서는 무엇보다 먼저 교회 공동체의 가르침이 바르게 회복되어야 하고, 교회 공동체의 분위기와 강조점이 달라져야 합니다. 복음을 재발견하고 구원을 제대로 이해할 때, 다르게 말해 교회 공동체가 일상생활의 가치를 재발견할 때, 한국 교회와 그리스도인들이 당하고 있는 수치와 불명예 대신 원래 교회 공동체와 그리스도인들이 누려야 했던 아름다운 평판을 경험할 수 있을 것입니다. 결국 어떤 교회가 될 것인가 혹은 교회란 무엇인가가 중요한 화두입니다.

'성도들이 일상생활을 신앙의 자리요 복음의 자리이자 구원의 자리로 인식하게 하고 그것을 응원하고 기뻐하고 경축하며 돕는 교회가 될 것인가, 아니면 성도들을 일상생활에서 떼내어 교회 안에서 열심을 내고 교회가 추진하는 일에 충성하고 봉사하도록 만드는 교회가 될 것인가?'

'교회에 모여서 하는 일과 함께 모임을 계속 강조하는 교회가 될 것인가, 아니면 세상과 일상을 하나님이 보내시는 자리로 보도록 돕고 교회로 모이는 이유를 제대로 가르쳐서, 성도들이 세상으로, 자신의 일상생활로 흩어져 들어가 그곳에서 하나님께서 보내신 사명을 확인하고 살아가도록 격려하는 교회가 될 것인가?'

이런 질문에 제대로 대답하려면, 앞에서 로마서와 온전한 복음(3장)을 이야기하며 언급한 에클레시아와 디아스포라의 역동, 모임과 흩어짐의 역동을 다시 한 번 떠올릴 필요가 있습니다. 교회가 모이는 것뿐 아니라 흩어지는 것도 같이 강조할 때, 성도들은 일상의 가치를 인식하고 경축하면서 자신들이 보냄 받은 시공간과 거기서 하는 일 즉 일상생활을 긍정하며 그곳으로 보내신 분의 대사(ambassador)로서 사명을 품고 살아갈 수 있을 것입니다.

그렇다면 이렇게 성도들이 자신의 일상생활로 보냄 받았다는 의식을 가질 수 있게 하는 교회, 보냄 받은 대사로 사명을 의식하고 세상에서 살아갈 수 있도록 구비하는 교회, 모임과 흩어짐, 구심력과 원심력의 순환이 이루어지는 교회에 대한 갈망이 생기지 않을 수가 없습니다.

'Missional Church'

최근 20여 년 사이에 이런 갈망을 해갈해줄 수 있는 대안적인 운동이 일어나고 있습니다. 한국에서는 일반적으로 '선교적 교회'라는 말로 번역하고 있는 'Missional Church' 운동입니다. 'Missional Church'라는 말은 1998년 같은 이름의 책*이 미국 어드만 출판사에

---

* Darrel Guder ed., *Missional Church: A Vision for the Sending of the Church in North America*, The Gospel and Our Culture Series(GOCS)(Wm. B. Eerdmans Publishing Co., 1998,《선교적 교회: 북미 교회의 파송을 위한 비전》, 주안대학원대학교출판부, 2013).

서 나오면서 전 세계적으로 영향을 미치기 시작한 운동을 일컫는 용어입니다.

이 운동은, 인도 선교사로 40여 년을 섬기다 고국인 영국으로 돌아간 후 영국 교회가 영국 사회에 복음의 영향력을 미치지 못하는 것이 안타까워 여러 중요한 저술을 통해 변화를 꾀하던 레슬리 뉴비긴이나 남아프리카 공화국의 선교학자인 데이비드 보쉬와 같은 분들의 도전에 자극받은 유럽과 미국의 선교학자들과 목회자들의 움직임에서 출발하였습니다.

저 또한 유학 시절 이 운동의 초기 단계에 이 그룹과 연결되는 행운을 얻었습니다. 당시 저는 이전의 제 사역을 되돌아보고 이후에 할 일들을 내다보는 시간을 보내고 있었는데, 이 운동의 지향점이 제 사역과 깊이 연관된다는 것을 발견하였습니다. 저는 이미 선교 단체 사역자로서 대학생들이 자신의 대학 캠퍼스를 보냄 받은 곳으로 이해하도록 가르쳐왔습니다. Missional Church란 말은 몰랐지만 이미 그런 정신으로 살아온 것입니다. 이와 마찬가지로 캠퍼스를 졸업한 이들이 자기 삶의 자리인 일상을 보냄 받은 자리로 이해하는 것이 옳다는 생각을, 이 운동을 접하면서 분명히 하게 되었습니다.

한국으로 돌아온 후에 제 사역의 범위 안에서 '일상생활 사역'을 강조하는 한편 한국 교회에 교회론적인 도전으로서 Missional Church 운동을 소개해야 한다고 생각했습니다. 그러던 중에 제가 개인적으로 큰 도전을 받은 책《새로운 교회가 온다》*를 번역하였습니다. 이 책을 번역하면서 'Missional'이라는 단어를 어떻게 번역할 것인가를 고민했습니다. 대개 'Missional'을 '선교적'이라고 번역하고 있었고 출판사도 그렇게 해달라고 요구했습니다. 그러나 그렇게 번역하면 '선교'라는 말에 이미 함축되어 있는 의미가 너무 강력하여 '선교적 교회'라는 말이 결국 해외 선교를 열심히 많이 하는 교회, 선교를 강조하는 교회로 오해하지는 않을까 걱정이 되었습니다.

미셔널? 미션얼!

'Mission'의 라틴어 어원이 '보내다'라는 동사 *mitto*이고 명사로는 *missio*입니다. 이 말에서 선교라는 말이 왔기에, 원래의 의미를 살리려면 'Missional Church'를 '보냄 받은 교회'로 번역해야 한다고 생각하여 책을 번역하면서 다 그렇게 표기했습니다. 2009년《새로운 교회가 온다》가 출간될 당시에는 출판사가 통상적인 번역인 '선교적 교회'로 하는 것이 좋겠다고 하여 이 부분을 모두 그렇게 고쳤고, 이에 저는 역자 후기에서 당초 '보냄 받은 교회'로 번역한 Missional

---

* 마이클 프로스트 · 앨런 허쉬 공저, 지성근 옮김, 《새로운 교회가 온다》(IVP, 2009). 원서는 *The Shaping of Things to Come: Innovation and Mission for the 21 Century Church*(Tyndale House Publishers, 2003).

Church가 '선교적 교회'로 바뀐 이유를 밝혔습니다.

'보냄 받은 교회'를 한국 교회에 소개하고 Missional Church 운동과 그 담론을 확산할 취지로 일상생활사역연구소가 시도한 것이 2010년 서울에서 개최한 '교회 2.0 컨퍼런스'입니다. 원래는 이 컨퍼런스의 이름을 'Missional Church Conference'로 하려고 했습니다. 하지만 2010년 당시 그 이름을 사용하면 다소 오해를 살 만한 흐름이 있어서, 공개 · 공유 · 참여를 표방하는 웹 2.0 개념을 차용하여 '교회 2.0'이라는 이름을 만들어 컨퍼런스를 열었습니다. 이후 두 번에 걸친 '교회 2.0 컨퍼런스'를 통해 '보냄 받은 교회'의 모습이 어떤 것인지 추구할 수 있었습니다.

2012년에는 컨퍼런스를 부산으로 옮겨 진행하면서 이름을 새롭게 할 필요가 있어서 '미션얼 컨퍼런스'로 명칭을 바꾸게 되었습니다. 컨퍼런스의 이름을 어떻게 할까 고민하던 중에 몇 분과 SNS 상에서 이야기를 나눌 기회가 생겼습니다. 'Missional'을 우리말로 번역하는 데 여러 의견이 있으니 이참에 '포스트모던'이란 단어처럼 영어를 그대로 읽는 식으로 '미셔널'이라고 하는 것이 어떻겠느냐는 제안을 받았습니다. 이에 제가 우리말로 음차를 하면서 좀 다르게 시도하여 Missional을 '미션얼'이라고 해도 좋겠다고 제안했고, 그분들도 좋은 생각이라고 적극적으로 동의해주었습니다.

그즈음에 크리스토퍼 라이트라는 신학자가 《하나님의 선교》, 《하나님 백성의 선교》와 같이 성경 전체를 '하나님의 선교'라는 관점에서 해석하는 책*을 썼는데 마침 한국에도 번역서가 출간되었습니다. 당시에 '하나님의 선교'(*Missio Dei*)라는 말은 어딘지 모르게 진보적인 신학자들의 전유물로 여겨졌습니다. 그런데 이 책들 덕분에 '하나님의 선교'는 성경이 이야기하고 있으며 모든 그리스도인이 반드시 주목해야 할 개념으로 이해하게 되었습니다.

그런 점에서 '미션'을 '하나님의 선교'로 번역하고, 정신을 뜻하는 순우리말 '얼'을 합성하여 '미션얼'이라 하면 '하나님의 선교 얼(정신)을 지닌'이란 말로 이해할 수 있을 것이라고 생각하고, 한국적인 Missional Church의 사례에 집중하자는 의미를 포함해서 컨퍼런스의 이름을 '미션얼 컨퍼런스'라고 바꾸었던 것입니다.

그렇다면 이 '미션얼', 하나님의 선교 정신을 지닌다는 것은 무엇을 의미할까요? 그리고 이것은 우리가 생각하는 교회, 일상생활 영성과 일상신학, 생활신앙을 고무하고 격려하는 교회와 어떻게 연결될까요?

삼위 하나님의 선교 얼(정신)

지난 장에서 우리는 일상생활 영성의 기초가 삼위일체 신앙이라는

---

* 크리스토퍼 라이트, 정옥배·한화룡 옮김, 《하나님의 선교: 하나님의 선교 관점으로 성경 내 러티브를 열다》(IVP, 2010). 크리스토퍼 라이트, 한화룡 옮김, 《하나님 백성의 선교: 하나님의 백성을 위한 사명 선언서》(IVP, 2012).

것을 확인했습니다. 이 장에서는 삼위일체 신앙이 교회의 기초이자 보냄 받은 교회의 선교에도 기초가 된다는 사실을 볼 수 있을 것입니다. 삼위 하나님의 내적인 존재가 교회의 존재를 규정하고, 삼위 하나님의 외적인 사역과 활동이 교회의 사역과 활동을 규정합니다. 교회의 코이노니아는 삼위 하나님의 존재를 반영하고, 교회의 디아스포라는 삼위 하나님의 사역을 반영합니다.*

이와 관련하여 요한복음 17:18-23은 삼위 하나님의 존재와 사역의 관계를 잘 묘사하고 있는 본문입니다. 하나님의 선교 얼, 미션얼을 이해하기 위해 이 본문을 면밀히 보는 것은 큰 유익이 있습니다. 일터신학의 선구자 폴 스티븐스**는 요한복음 17:18과 함께 이와 비슷한 내용의 요한복음 20:21 "너희에게 평강이 있을지어다 아버지께서 나를 보내신 것같이 나도 너희를 보내노라"라는 말씀을 최상의 위임령(The Greatest Commission)이라고 합니다. '최상의'라고 칭한 것은, 어떤 이들이 선교의 핵심이라고 강조하는 마태복음 28:19-20***의 대위임령(The Great Commission)과 그보다 더 큰 위임령(The Greater Commission)

---

* 제임스 토렌스, 김진혁 옮김, 《예배, 공동체, 삼위일체 하나님: 우리의 교회는 은혜의 하나님을 반영하는가》(IVP, 2022) 참고.

** 폴 스티븐스, 홍병룡 옮김, 《21세기를 위한 평신도 신학》, IVP, 2001, 242.

*** 마태복음 28:19-20 "그러므로 너희는 가서 모든 민족을 제자로 삼아 아버지와 아들과 성령의 이름으로)세례를 베풀고 내가 너희에게 분부한 모든 것을 가르쳐 지키게 하라 볼지어다 내가 세상 끝날까지 너희와 항상 함께 있으리라 하시니라."

이라고 주장하는 누가복음 4:18-19*의 위임령보다 훨씬 크고 통전적인 위임령이라는 것을 강조하기 위함입니다.

> 아버지께서 나를 세상에 보내신 것같이 나도 그들을 세상에 보내었고 또 그들을 위하여 내가 나를 거룩하게 하오니 이는 그들도 진리로 거룩함을 얻게 하려 함이니이다 내가 비옵는 것은 이 사람들만 위함이 아니요 또 그들의 말로 말미암아 나를 믿는 사람들도 위함이니 아버지여, 아버지께서 내 안에, 내가 아버지 안에 있는 것같이 그들도 다 하나가 되어 우리 안에 있게 하사 세상으로 아버지께서 나를 보내신 것을 믿게 하옵소서 내게 주신 영광을 내가 그들에게 주었사오니 이는 우리가 하나가 된 것같이 그들도 하나가 되게 하려 함이니이다 곧 내가 그들 안에 있고 아버지께서 내 안에 계시어 그들로 온전함을 이루어 하나가 되게 하려 함은 아버지께서 나를 보내신 것과 또 나를 사랑하심 같이 그들도 사랑하신 것을 세상으로 알게 하려 함이로소이다(요 17:18-23)

이 구절은 널리 알려진 것처럼 구원의 역사를 성취하기 위해 예수님께서 제자 공동체를 떠나시기 전에 제자들을 위해 성부께 간구하는

---

* 누가복음 4:18-19 "주의 성령이 내게 임하셨으니 이는 가난한 자에게 복음을 전하게 하시려고 내게 기름을 부으시고 나를 보내사 포로 된 자에게 자유를, 눈 먼 자에게 다시 보게 함을 전파하며 눌린 자를 자유롭게 하고 주의 은혜의 해를 전파하게 하려 하심이라 하였더라."

예수님의 기도입니다. 이 기도와 그 전후 문맥에서, 예수님을 잇는 제자들의 공동체를 지칭하는 '그들'과 그 원형 공동체로서의 '아버지'와 '나', 그리고 '우리'로 표현되는 삼위일체 공동체에 대한 언급을 볼 수 있습니다. 삼위 공동체와 제자 공동체의 존재 방식은 '안에'라는 단어와 '하나'라는 단어로 표현됩니다.

그런데 삼위일체의 '서로 안에 있는 하나됨'(페리코레시스, 함께 춤을 추는 모습)을 그대로 반영하는 제자들의 공동체는 거기에 머무르지 않고 '세상'을 향한 모종의 사명을 가지게 됩니다. 그 사명은 예수님 자신이 성부 하나님의 뜻 안에서 세상으로 '보냄'을 받은 것과 같은 방식으로 예수께서 제자 공동체를 세상에 보내실 때, 제자들과 제자들의 공동체에 주어지는 것입니다. 곧 복음의 사실인 '아버지께서 아들을 보내신 것'(요 3:16이 말하는 복음의 사실, "하나님이 세상을 이처럼 사랑하사 독생자를 주셨으니…멸망하지 않고 영생을 얻게 하려 하심이라")을 세상이 알고 믿게 하는 것입니다.

여기서 예수님을 따르는 제자 공동체로서 교회의 존재와 사명이 드러납니다. 다시 한 번 강조하지만, 교회는 삼위일체 하나님의 존재와 사명을 반영하는 실재입니다. 교회와 그리스도인들은 제자 공동체와 제자로서 세상으로 보냄 받았기에 세상을 거부하거나 세상으로부터 도피해서는 안 됩니다. 세상으로 보냄 받은 제자 공동체는 세상 속에서 하나님의 하나됨을 반영하는 온전함과 사랑으로 복음을 드러내어 믿게 해야 합니다. 세상이란 하나님이 지으신 모든 시간과 공간을 포함하며, 여기에는 당연히 우리 시공간 3차원의 일상생활 세계도 전부 포함됩니다.

　교회는 일상생활 세계를 포함하는 이 세상에 보냄을 받은 예수님의 제자 공동체입니다. 세상이야말로 제자 공동체인 교회가 최우선의 관심을 가져야 하는 대상입니다. 교회의 하나됨과 진리 위에 서서 거룩함을 추구하는 이유까지도, 세상으로 보냄 받아 세상이 예수 그리스도가 하나님의 아들임을 믿고 알게 하려는 사명을 향해 있습니다. 그러므로 교회는 자신을 위해 존재하기보다 세상을 위해 존재합니다. 이것을 지난 세기 위대한 영적인 지도자 중 한 사람인 켄터베리 대주교 윌리엄 템플은 이렇게 표현했습니다.

　　교회는 자기 멤버가 아닌 사람들의 유익을 위해 존재하는 유일한 사회 집단이다.*

크리스텐덤을 극복한 미션얼 교회

　그런데 한국 교회의 구성원들에게 '교회란 무엇인가?'라고 질문하

---

* "The Church is the only society that exists for the benefit those who are not its members."(https://www.oxfordreference.com/view/10.1093/acref/9780191826719.001.0001/q-oro-ed4-00010671)

면, 일반적이고 본능적인 대답 곧 교회를 특정 건물이나 모임이라고 하는 경우가 많습니다. 또한 어릴 때부터 한국 교회 안에서 자란 사람일수록 교회의 건강성을 예배당 공간 안에서 이뤄지는 모임의 숫자로 판단하려는 경향이 있습니다.

그러나 교회 '건물'로 사람들을 끌어 '모으려는' 생각은 성경적인 관점이 아닙니다. 《새로운 교회가 온다》를 쓴 마이클 프로스트와 앨런 허쉬는, 이런 생각이 기독교를 제국의 국교로 인정한 콘스탄티누스 이후 크리스텐덤(Christendom: 기독교왕국주의 혹은 콘스탄티누스주의)* 사고의 유산이라고 말합니다. 그러면서 기독교 공인 이후 약 1,700년 동안 유지되던 기독교왕국주의(크리스텐덤) 추구형 교회는 기본적인 DNA가 변화되지 않는 한 근본적인 한계를 가질 수밖에 없다고 했습니다.

저자들이 말하는 기독교왕국주의 사고를 지닌 교회의 특징은 다음과 같이 세 가지로 요약할 수 있습니다.

첫째, 교회의 초점이 매력을 끄는 것 혹은 사람들을 끌어모으는 것에 맞춰져 있습니다. 그래서 교회가 내부적으로 시설이나 프로그램을 잘 갖추면 그 주변 마을과 도시의 사람들이 기다렸다는 듯이 교회로 올 것이라고 전제하고, 이를 위해 프로그램을 구비하고, 내부 환경을 바꾸고, 예배 음악을 바꾸는 등 애를 씁니다. 이런 교회는 사람들

---

* 이후 모두 '기독교왕국주의'로 표기합니다.

을 일정한 장소로 끌어모으는 데 관심을 둘 뿐 결코 세상 속으로 나가려 하지 않습니다.

둘째, 이런 기독교왕국주의 교회는 이원론적 관점을 가지고 있습니다. 사실 어떤 의미에서 이런 이원론적인 사고 때문에 교회가 안과 바깥을 구분하고 안으로 끌어들이기 위해 매력적인 요소를 추구하는 결과를 낳았다고 할 수 있습니다. 거룩한(sacred) 것과 거북한(profane: 더럽히는) 것을 구분하는 이원론은, 이 책 중반부에서 이미 지적했듯이 지난 2천 년간 교회를 잘못된 방향으로 이끌어왔습니다. 가정과 일터에서 일어나는 일상적인 삶과 신앙을 연결시키지 않는다면, 그 어떤 신앙도 결국은 교회를 잘못된 방향으로 이끌고 말 것입니다.

셋째, 기독교왕국주의 교회의 또 다른 특징은 종교적이고 관료적인, 위에서 아래로의 수직적인 리더십을 지닙니다. 이런 리더십은 모든 신자가 동일한 '제사장'이라는 사실을 강조하지 않으므로 신약적 교회의 진정성(authenticity)을 담아낼 수 없습니다. 모든 성도가 하나님의 은혜 안에서 함께 후사가 되었다는 의식이 없다면, 그 교회는 진정한 의미의 미션얼 교회가 될 수 없습니다.

전통적인 기독교왕국주의 교회 의식을 극복하기 위해 마이클 프로스트와 앨런 허쉬는 21세기를 위한 교회상을 제안합니다. 그것은 세상으로 들어가 흩어지는 성육신적인 교회, 계급적이고 전통적인 리더십이 아니라 수평적이고 은사 중심적인 새로운 리더십을 경험하는 교회, 그리고 세상을 거룩한 것과 속된 것으로 나누어 이원론적으로 보지 않고 총체적으로 보는 메시아적 영성을 강조하는 미션얼 교회(Missional Church)입니다.* 교회는 건물이 아니라 사람이며 모임일 뿐 아니라 흩어짐이라는 사실을 받아들이는 것이 쉽지 않지만, 이것이 21세기 교회의 모습이 되어야 한다고 그들은 강조합니다.

　1,700년을 지속해온 전통적인 기독교왕국주의에 기초한 전제를 포기하는 일 앞에서 많은 그리스도인이 큰 어려움을 겪는 것 같습니다. 이들은 기독교왕국주의에 물든 전통적인 교회를 포기하는 일이, 교회를 망각이나 혼란 속으로 밀어넣는 것은 아닐까 두려워합니다.

세상과 일상을 위해 구비하는 교회
————

　제자들의 공동체인 교회는 공동체적으로든 개개인으로든 세상 속으로 파송된 성육신적 존재라는 사실을 깨달아야 합니다. 무엇보다도 성도 한 사람 한 사람을 세상으로 파송하기 위해서는 세상 속에서의 삶인 모든 일상생활과 신앙 사이에 놓인 엄청난 간격을 없애야 합니다. 일과 여가, 가정생활과 사회생활 전부가 하나님께서 보내시는 선교 현장이라는 사실을 교회 공동체가 강조해야 합니다.

———————
* 마이클 프로스트 · 앨런 허쉬, 앞의 책, 45-51.

그런 점에서 성도들을 세상 속으로 파송하며 스스로 세상에 파송된 존재로 이해하는 교회 공동체는, 일상생활을 하나님께 드리는 예배와 이웃을 섬기는 봉사의 자리이자 보냄 받은 현장으로 인식하도록 성도들을 구비해야 합니다.

폴 스티븐스는 《21세기를 위한 평신도 신학》에서 교회의 이런 사역에 대해 구체적으로 다음과 같이 권면합니다.

> 첫째, 주권적인 하나님이 평범한 그리스도인들을 특정한 일터와 동네 그리고 영향력 있는 자리에 각각 위치시키신다는 점을 교회 내에서 인정하고 지지해야 한다. …둘째, '가라'의 구조를 '오라'의 구조와 병행해서 잘 개발해야 한다. …셋째, 우리는 목회 사역을 할 사람들에게 안수를 줄 때만큼이나 진지한 자세로 사회 내의 선교를 담당할 사람들, 즉 정치인, 주식 중개인, 가정주부, 교사, 기술자, 예술가 등을 안수하고 파송해야 한다. …넷째, …교인들로 하여금 일터야말로 사람들을 만나는 일차적인 장소요 따라서 자연스러운 전도 장소로 보게 하는 것이다. …목표는 하나님의 온 백성이 온 세상에서 하나님의 총체적인 선교에 참여하는 것이다.*

비즈니스 세계를 포함하여 모든 일터와 가정과 마을과 같은 일상

---

* 폴 스티븐스, 앞의 책, 252-254.

생활의 자리에서 하나님의 선교에 동참하는 것이 그리스도인 개인과 교회 공동체의 사명입니다. 지금까지 교회는 공간적으로 예배당 안에, 시간적으로 주일과 모임 시간 안에 신앙을 가두어두고, 예배란 예배당에서 모이는 시간에 하는 절대적이고 가장 중요한 신앙 행위라고 은연중에 가르쳐왔습니다. 그래서 성도들은 교회 안에서 공공연히 성과 속을 구분하는 이원론적 신앙 행태를 마치 경건함과 거룩함의 대명사인 것처럼 여기고, 일상의 자리인 일터와 가정, 이웃과 세상을 은근히 거북한 곳으로 여기며 살아가고 있습니다. 교회가 이런 상황을 아무런 문제 의식을 갖지 않고 대한다면 그것 자체로 이미 크게 병든 것입니다.

그러므로 교회는 세상을 위한 교회의 존재 이유와 사명을 확인하고, 일상을 보냄 받은 파송의 자리로 인식하고 경축하도록 성도들을 구비하는 교회가 되어야 합니다. 오랜 시간 누적된 의식의 문제를 일거에 해결하는 일이 쉽지 않겠지만, 교회 내부를 위한 프로그램과 결속을 강조하는 것으로 교회의 진정성을 확보하려는 시도는 잘못된 기초 위에 교회를 세우는 일임을 알아야 합니다. 오히려 성경이 이야기하는 온전한 복음을 차근차근 가르치고 배우며, 말씀에 근거하여 교회의 정체성과 사명을 새롭게 할 필요가 있습니다.

교회 공동체의 중요성과 공동체적 과업을 강조하면서 성도들의 삶 속에서 일어나는 일상생활 사역을 불가능하게 만드는 경우가 있습니다. 심지어 일터를 강조하든, 마을 만들기를 이야기하든, 비즈니스 선교를 이야기하든, 공동체적 과업을 위해 성도들로 하여금 자신의 일상생활에서 물러나도록 은근히 요구하는 경우도 있습니다. 그러나 이렇게 하면 큰 내적 모순에 빠지게 됩니다. 성도들이 살고 있는 삶의 현장, 보냄 받은 자리를 중요하게 여기지 않도록 만드는 것입니다.

이런 일이 반복되면 공동체에 우선순위를 두라는 분위기가 자연스럽게 형성되고, 당연히 교회 내 모임(에클레시아)을 중요시하게 됩니다. 말로는 균형을 이야기할지 몰라도 이미 흩어져 있는(디아스포라) 성도들의 삶을 무시하고 있는 것입니다. 성도들의 일상생활 속에서 행하시는 하나님의 일하심을 발견하고 경축하며, 그 일하심에 동참하는 교회가 진정한 미션얼 교회입니다.

교회가 미션얼 교회로 전환하기 위해서는 그 구조와 방식과 프로그램을 재고해야 합니다. 성도들이 일상의 눈으로 성경을 볼 수 있도록 훈련하고 구비하며, 동시에 일상신학의 관점에서 자신들의 보냄 받은 삶을 성찰할 수 있도록 구비하는 공동체가 되어야 합니다.* 일상신학과 생활신앙을 긍정하고 격려하는 일상 교회가 진정한 미션얼 교회입니다.

---

* 이를 위해 필요한 두 가지 주제를 부록에서 다루고 있습니다.

개인과 그룹을 위한 기초 성경 공부

(요한복음 17:18–23)

1. 본문을 읽으면서 반복되는 단어들을 모두 찾아보세요.

2. 위에서 찾은 단어들을 아래의 표에서 해당하는 칸을 찾아 넣어봅시다.

('부록 Ⅲ'의 예시 참조, 199쪽)

요한복음 17:18-23	삼위하나님	제자 공동체(교회)
내부적 관계(존재)		
외부적 사역(활동)		

3. 위의 표에 위치한 단어들을 보면서, 삼위 하나님의 내부적 관계(존재)와 외부적 사역(활동)을 제자 공동체인 교회의 내부적 관계(존재)와 외부적 사역(활동)과 비교해보십시오. 그 과정에서 어떤 생각이 드는지 정리해보고 이야기해봅시다.

4. 이 장을 읽고 느끼고 결심한 것을 한 문장 기도문으로 기록해봅시다.

에필로그

새로운 일상생활이 온다

지난 2015년 여름, 개척하여 섬기던 교회에서 미션얼 선교사로 파송 받은 후 여러 가지 일로 북미를 순회하였습니다. 일상생활 사역과 미션얼 교회에 대한 이야기를 할 수 있는 기회가 여기저기에서 주어졌습니다. 특히 목회자와 신학생들을 만나는 기회가 있었고, 그때마다 그분들은 떠오르고 있고 주목의 대상이 되고 있는 '선교적 교회'(Missional Church)에 관해 듣고 싶어 했습니다. 그래서 짧게는 두어 시간, 길게는 2-3일에 걸쳐 '미션얼 교회'에 대해 강의하기도 하고 세미나를 진행하기도 했습니다.

처음에는 목회자들과 신학생들의 열화와 같은 관심에 스스로 고무되기도 했지만, 시간이 차츰차츰 흐르면서 조금 다른 생각이 들기 시작했습니다. 이분들이 혹시 자기 교회의 한계를 극복하고 현실을 타개할 만한 신박한 프로그램을 찾고 있는 것은 아닌가 하는 의구심이

들었습니다.

　목회자들이 시간을 내서 어떤 세미나나 훈련에 참가하여 새로운 개념을 배우고 도전을 받으면, 그것을 열심히 공부하고 익혀서 자기 교회에 돌아가 성도들에게 배운 대로 가르치고 한두 해 동안 그 프로그램으로 교회를 움직이고 성장시키려고 합니다. 그러다가 시들해지면 또 다른 세미나를 찾습니다. 그래서 이 프로그램, 저 세미나를 전전합니다. 물론 이렇게 하면서 목회자 스스로 도전 받고 성장하는 경우가 없지는 않겠지만, 일선 교회 성도들은 이런 일의 반복 때문에 사실 제법 피곤합니다.

　보통 2-3년에 한 번 정도 새로운 프로그램이나 세미나를 수강하고 돌아온 목회자들이 '이것이 교회를 살리는 길'이라고 이야기하면서 열심을 내곤 합니다. 그럴 때마다 싫은 내색 없이 긍휼한(?) 마음으로 인내하며 따라주는 신실하고 온유한 성도들이 계시기 때문에, 어쩌면 지금까지 많은 교회가 별 탈 없이 굴러가고 있는 것이 아닐까 하는 생각이 들 정도입니다.

　이런 상황에서 저는 '선교적 교회'(Missional Church)의 이론을 이야기하며 그 사례와 방법론을 소개하려는 뜻에서 강의와 세미나를 진행했지만, 제 기대와는 다르게 그분들은 또 하나의 세미나, 또 하나의 프로그램으로만 생각하는 것은 아닐까 하는 생각이 들었습니다. 목회자들이 그 이야기를 듣고 돌아가서 자신의 회중과 성도들의 언어로 잘 번역하여 함께 교회를 이루는 성도들에게 그들이 보냄 받은 곳, 일상생활 가운데서 교회로 잘 살아가도록 도와야 하는데, 단순하게 이것을 교회 성장 프로그램으로 이해하고 번역 작업 없이 그대로 교회에 옮겨 심으려는 것은 아닌가 하는 생각이 들었던 것입니다.

2015년 미션얼 컨퍼런스를 끝으로 더 이상 컨퍼런스를 진행하지 않기로 한 이유도 이와 비슷합니다. 목회자나 신학생들이 관심을 가지고 많이 왔지만, 정작 목회 프로그램의 하나로밖에 인식하지 못하는 한계를 보았기 때문입니다. 이런 일을 경험하면서 소위 '선교적 교회'를 많이 이야기하기보다 원래 우리 연구소가 중점으로 이야기하던 메시지, 보냄 받은 일상생활을 더 강조해야겠다는 결론을 내렸습니다.

'미션얼'을 성도의 일상 관점에서 번역하면 어떤 것일까요? 성도들의 삶 속에서 미션얼하다는 것, 즉 성도들이 하나님의 선교 정신으로 산다는 것은, 하나님이 성도들 자신의 일상생활 속에서 먼저 일하고 계신 것을 발견하고 경축하며 그 하나님의 일하심에 즐거움으로 동참하는 것 아닐까요? 지금까지 이야기해온 일상생활을 하나님께 드리는 예배로, 이웃을 섬기고 복을 끼치는 사역으로 여기는 것, 한마디로 일상생활 사역(Everyday Life as Ministry)이 곧 성도들의 미션얼한 삶(Missional Life, Life as Mission)일 것입니다.

미션얼 교회가 목회자들의 관심으로 그치지 않고 성도들의 관심으로 확장되려면 다시 한 번 성도들의 세상 속 삶을 발견하고 강조해야 합니다. 일상생활사역연구소의 연간 슬로건을 만들 때면 이런 생각을 반영하여 2018년 "새로운 일상생활이 온다", 2019년 "일상, 생활의 발견"과 같은 슬로건이 탄생했습니다.

지난 코로나19 팬데믹으로 우리는 여러 방면에서 고통을 감내해야 했고 낙심되는 일들도 많았습니다. 그렇지만 저는 적어도 한 가지 점에서 한껏 고무되었습니다. 지난 20여 년간 연구소 사역을 하면서 일상생활의 중요성을 강조하고 교회당 중심의 신앙생활을 넘어서야 한다고 수없이 이야기하며 여러 곳을 다녔지만 그 영향력은 미미하다고 느꼈습니다. 그런데 코로나19로 교회 집회가 금지되고 예배가 온라인으로 전환되면서, 짧은 시간에 많은 그리스도인들이 예배당에 가지 않고도 예배할 수 있다는 것, 일상생활이 신앙생활의 핵심이라는 사실을 당연한 것으로 받아들이는 모습을 보면서 매우 놀랐습니다. 다만 코로나19 이후 혹은 엔데믹을 이야기하는 지금 이 시점에서 교회들이 다시 원래의 위치로, 원래의 생각으로 급속히 돌아가려고 애쓰는 것은 아닌가 싶어 안타까운 마음이 듭니다.

그렇지만 일상생활을 중요하게 여기고 일상 가운데서 신앙생활을 하는 삶, 소위 생활신앙을 강조하는 것은 이제 되돌릴 수 없는 대세가 될 것입니다. 엄밀하게 말한다면, 일상에 대한 새로운 강조, 일상의 재발견은 기독교 내부만의 이야기가 아닙니다.

이제 거대한 이야기보다는 작은 이야기에 관심을 가지는 시대가 되었습니다. 역사 분야만 보더라도 그동안의 엘리트적인 왕조사나 정치적·군사적 역사 기술에서 벗어나 소위 일상생활에 대한 관심, 미시사와 일상의 역사에 대한 관심이 커졌습니다. 인류학과 사회학, 그리고 철학 분야에서도 현상학과 일상의 사회학, 일상의 철학을 이야기하고 있으며, 연구방법론에 있어서도 질적인 연구에 대한 관심이 지속되는 것처럼 거대한 시대적 흐름이 존재합니다.

바야흐로 일상생활이 중요한 시대가 되었습니다. 그러므로 우리는 그리스도인으로서 더욱 적극적으로 일상생활을 해석하며 살아가야 합니다. 특히 그리스도인에게는 해석의 틀로서 일상의 신학이 필요하며, 우리는 그것에 근거하여 구체적인 생활신앙을 살아가야 합니다.

많은 사람들이 팬데믹이 끝나면 뉴노멀(New normal), 즉 새로운 일상이 도래할 것이라고 합니다. 지금 우리 그리스도인들에게 필요한 것은 새로운 일상신학과 생활신앙에 입각하여 새로워진 일상생활입니다. "새로운 일상생활이 온다!" 새로워진 일상의 예배, 삶의 예배, 일상의 선교, 삶의 선교를 통해 삼위 하나님께서 영광을 받으시길 바랍니다.

그런즉 너희가 먹든지 마시든지 무엇을 하든지 다 하나님의 영광을 위하여 하라(고전 10:31)

부록

일상신학, 생활신앙을 위하여 두 가지 실천(practice 혹은 훈련)이 필요합니다.

첫째, 일상의 눈으로 성경을 보고 해석하며 적용하는 '일상생활 성경 공부'(Everyday Life Bible Study)가 중요합니다. '부록 I'에서는 왜 일상생활 성경 공부가 필요한지, 일상생활 성경 공부를 어떻게 할 수 있는지를 설명하면서, 일상생활 성경 공부 도구와 함께 일생생활사역연구소가 진행하는 성경 공부 모임인 '일상생활 성경 공부 클럽'(ELBiS club: Everyday Life Bible Study Club, 이하 '엘비스 클럽')의 자료 링크를 제공합니다.

둘째, 일상신학의 관점에서 이슈나 주제를 성찰하고 숙고하는 '일상신학적 성찰'(Everyday Life Theological Reflection)이 필요합니다. 이와 관련해 '부록 Ⅱ'에서 중요한 신학적 주제들과 이슈들에 대한 신학적 성찰의 예를 제공하고 있습니다. 그리고 '부록 Ⅲ'에 각 장의 '개인과 그룹을 위한 기초 성경 공부'에 있는 표의 예시를 실었습니다. '답'이 아니라 하나의 '예시'입니다. 스스로 질문하고 답하는 데 도움이 되기를 바라며, 따로 한 장을 할애하여 담았습니다.

일상생활 성경 공부

왜 일상생활 성경 공부인가?

1970년대와 1980년대에 한국 교회가 성장한 데는 다양한 원인이 있겠지만, 그 가운데 중요한 축 하나는 '성경 공부 운동'이었다고 단언할 수 있습니다. 네비게이토의 《그리스도인의 생활 연구》(SCL 교재)나 《그리스도의 제자가 되는 길》(DFD 교재) 혹은 CCC의 《10단계 성경 연구》같은 주제별 연역적 성경 공부를 하며, 한국 교회가 성경 공부를 통한 제자 훈련이라는 방식에 익숙해지기 시작했습니다. 이것이 이후 한국 교회의 제자 훈련 사역과 맞물려 한국 교회를 성장시키는 동력이 되었습니다.

학생 선교 단체인 IVF를 비롯하여 여러 단체들은 1970년대 말에서 1980년대에 주제별 연역적 성경 공부 일색의 성경 공부 현장에 '귀납적 성경 연구'라는 새로운 성경 연구의 태도를 소개했고, 이런 시각에 맞추어 만든 다양한 주제별·책별 성경 연구 교재를 보급하여 한국 교회의 성경 공부 운동을 성숙하게 했습니다. 단답 형식의 성경 공부에 식상한 젊은이들은 이를 통해 생각하고 질문하면서 스스로 발견하는 기쁨을 누릴 수 있었고, 특히 소그룹의 역동 속에서 풍부한 나눔의 기회를 경험하였습니다.

그러나 1990년대에 접어들어 사회적(동구권 붕괴에 따른 탈이데올로기 경향)·문화적(포스트모던 경향) 격변기를 거치면서 한국 교회는 정체 내지 쇠락 현상을 경험하였고, 이와 맞물려 성경 공부 운동 역시 비슷한 상황을 맞이하였습니다. 이러한 현상은 지금까지 이어지고 있습니다.

만나는 목회자마다 교회에서 성경 공부가 잘 되지 않는다고 말합니다. 특히 어떻게 해야 젊은이와 학생들이 성경 공부를 하게 할지 고민이 많지만 해답을 찾을 길이 안 보인다고 했습니다. 게다가 성경 공부 중심의 제자 훈련 방식이나 소그룹 운동이 한계에 부딪혔다면서 이제는 기도 운동과 성령 운동이 가미된 교회 부흥 전략으로 선회해야 한다는 주장도 있어, 성경 공부 퇴조 흐름을 더욱 부채질하고 있습니다. 교회뿐 아니라 학생 선교 단체에서도 성경 연구 운동의 분위기가 예전 같지 않습니다.

그런데 아이러니하게도, 우후죽순처럼 일어나고 있는 이단적 가르침은 '성경 공부'를 미끼로 젊은이들을 미혹하고 있습니다. 이단들이 성경 공부를 강조하다보니 교회에서는 바깥에서 하는 성경 공부를 더욱 의심하는 경향이 있습니다. 사실 이단적 가르침을 제대로 막으려면 성경 공부 운동을 더 강화해야 하는데, 현실은 거꾸로 가고 있습니다.

성경 공부 운동이 위기에 봉착했다는 사실이 안타깝기도 하지만, 위기는 언제나 기회를 제공하는 단초가 되기도 합니다. 왜 이렇게 되었는지 정직하게 대답하고 대안을 구하다보면 오히려 새로운 (방식이 아닌 태도의) '성경 공부 운동'이 가능하지 않을까요.

초기의 주제별 연역적 성경 공부부터 귀납적 성경 연구의 전성기까지 우리가 성경 공부 운동에서 경험한 것은 '우리의 삶이 성경 공부를 통해 다루어진다'는 사실이었습니다. 성경 공부에 있어 '적용'에 대한 강조 때문이든 아니면 '삶의 나눔'이라는 소그룹의 역동에서 기인한 것이든 간에, 성경 공부 그룹에서 구체적인 삶의 문제를 이야기하고 일상생활에서 구체적인 영향을 받고 변화를 경험하면서, 성경 공부가 주는 일종의 희열을 경험했던 것입니다.

문제는 점차 이런 기쁨이 사라지고 교조적이고 교리적인 성경 공부가 되거나, 지식 전달에 그치는 성경 공부가 되거나, '성경 공부'를 위한 성경 공부가 되면서 성경 공부에 대한 관심이 차츰 사그라들었다는 것입니다. 그렇다면 다시금 삶의 문제가 다루어지고 구체적인 일상생활에서 변화를 경험하게 하는 성경 공부를 회복하는 일이 급선무라고 할 것입니다.

이런 문제 의식에서 시작한 것이 일상생활사역연구소가 진행하고 있는 '엘비스 클럽'입니다. '삶의 문제가 다루어지고 구체적인 일상생활에서 변화를 경험하는 성경 공부'를 회복하기 위해 엘비스 클럽을 시작하고 진행하면서 놀라운 사실을 발견하였습니다. 바로 성경 자체가 저자와 수신자들의 구체적인 일상생활에서 생기는 삶의 질문에 대한 대답으로 주어졌다는 것입니다.

그렇기 때문에 성경을 영적인 책, 종교생활을 위한 책, 우리 삶의 문제와는 동떨어진 이야기를 하는 책으로 보아서는 안 됩니다. 성경은 우리의 일상적인 삶의 고민과 물음에 대답하는 책입니다. 따라서 일상생활의 눈으로 성경을 읽는 태도가 필요합니다.

여기에 덧붙여, 공동체로 성경을 읽는 일도 중요합니다. 성경은 하나님 백성의 공동체가 낭독하는 것을 귀로 듣기도 하고 때로는 회람하면서 공동체가 함께 읽는 책이었습니다. 이렇게 함께 읽고 함께 듣고 함께 순종하는 하나님 백성들의 해석 공동체가 오늘날에도 여전히 필요합니다.

성경을 전문가들에게만 맡겨 둘 수는 없습니다. 신학 공부를 한 사람, 전문가들은 고정된 틀과 시각, 종교적인 눈으로 성경을 읽으려는 경향이 큽니다. 그래서 실제 성도들의 삶의 문제, 일상생활을 간과하기도 합니다. 그렇기 때문에 오히려 치열하게 삶의 현장을 살아가는 이들이 함께 성경을 읽고 해석하는 공동체적 성경 공부가 훨

썬 유익할 수 있습니다. 실제로 엘비스 클럽에서 이런 경험을 많이 하고 있습니다.

일상신학과 생활신앙을 위해서 우리에게 가장 필요한 것은 성경을 보는 눈과 성경의 상상력으로 살아가는 구체적인 삶을 나누는 공동체입니다. 일상생활 성경 공부라는 기초적인 토대 작업 없이 새로운 일상생활, 새로운 일상신학과 생활신앙이라는 집을 세울 수는 없습니다.

어떻게 일상생활 성경 공부를 하나?

엘비스 클럽에서는 공동체 귀납적 성경 연구(Group Integral & Inductive Bible Study, GIBS)라는 도구를 사용합니다. 이 도구는 다음과 같은 기본 정신을 바탕으로 만들어졌습니다.

첫째, 성경은 원래 공동체에 주어진 책이다. 둘째, 그리스도인 모임은 성경 해석의 공동체이다. 셋째, 귀납적 방식이란 다른 자료 없이 '성경과 더불어 시작하여 성경 자체가 요구하는 조건 하에서 성경을 공부하는 태도'를 말한다.

구체적인 공동체 귀납적 성경 연구는 다음의 순서와 안내를 참고하시기 바랍니다.

1. 함께 읽고 본문 정하기(5분)

① 함께 본문 전체를 읽습니다. (당일 나눌 본문이 속한 전체 장을 몇 절씩 끊어 읽습니다.)

② 오늘 나눌 본문을 다시 한 번 정하고 그 본문을 읽습니다.

③ 어떤 느낌을 받습니까? 분위기가 어떻습니까?

2. 전체 살피기(5분)

① 본문의 문체는 어떠합니까? (논리를 강조하는 강화체, 사건을 설명하는 설화체, 시, 비유 등)

② 본문의 문맥을 살펴보면서 본문의 내용과 문맥(앞뒤 내용)을 연결할 때 어떤 아이디어를 얻는지 이야기해봅시다.

③ 본문을 몇 개의 문단으로 나누어봅시다. 전체의 논리(강화체)나 사건의 흐름(설화체)에 맞게 각 문단에 제목을 붙여보면 어떨까요.

3. 관찰하기(15분)

① 저자의 강조점을 찾아봅시다. 강조점을 찾기 위해 반복되는 말, 비교, 대조 등을 찾아봅시다. (이 단어들을 가지고 짧은 글짓기를 해보는 것도 도움이 됩니다.)

② 설화체의 경우는 육하원칙에 의거해서 관찰을 정리해보고, 강화체의 경우 시제와 문장 구조 등을 분석하여 핵심 메시지가 무엇인지 이야기해봅시다. (시간이 부족할 때는 이 부분은 생략하고 개인의 연구로 넘기는 것이 지혜로울 수 있습니다.)

4. 해석 질문하기(20분)

각 문단을 차례로 읽고 생겨나는 질문을 이야기해봅시다.

① 첫째 문단 질문하기-질문에 답하기

② 둘째 문단 질문하기-질문에 답하기

③ 셋째 문단 질문하기-질문에 답하기

그리고 해석을 한마디로 정리해봅시다.
(해석의 원칙-자연스러운, 원래의, 일관된 의미를 찾습니다)

5. 적용하기(5분)

앞에서 정리한 원리, 개념 혹은 이야기를 우리의 삶에 구체적으로 적용해봅시다. 바꾸어야 할 생각이나 행동이 있다면 어떤 부분입니까? (나, 우리 등의 구체적 대명사와 동사를 사용할 것)

적용을 한 문장 기도로 바꾸어 표현해봅시다.

6. 한 문장 기도로 마무리하기(5분)

앞에서 적용한 한 문장 기도로 돌아가며 기도합시다.

① 성경은 원래 공동체에 주어진 책이며

② 그리스도인 모임은 성경 해석의 공동체다.

③ (귀납적 방식은) 성경과 더불어 시작하여

④ 성경 자체가 요구하는 조건 하에서 성경을 공부하는 태도를 말한다.

⑤ 성경 공부 모든 단계에서, 말씀의 저자이자 조명하는 분인 성령께 묻는 시간이 자주 필요하다. ("성령님 우리가 무슨 말씀을 듣기 원하십니까? 말씀하소서.")

⑥ 사본식 GIBS*를 하면 더 재미있고 창의적인 시간이 될 수 있다.

일상생활 성경 공부의 결과물은 일상생활사역연구소 홈페이지(1391korea.net)의 '엘비스 클럽'에서 확인하거나 아래 QR코드를 통해 볼 수 있습니다. 창세기, 출애굽기, 레위기, 시편 일부, 전도서, 아가서 일부, 아모스, 마가복음 일부, 요한복음, 고린도전서, 고린도후서, 갈라디아서, 히브리서, 야고보서 등의 엘비스 클럽 요약문을 제공하고 있습니다.

---

* '사본식 GIBS'란 전지처럼 커다란 종이 한가운데 성경 본문을 써놓고, 색연필이나 크레용, 사인펜을 사용하여 공동으로 관찰과 해석, 적용을 표시하거나 그림으로 그려넣거나 글을 써넣으면서 공동 활동을 통해 성경을 공부하는 방식을 말합니다.

일상신학적 성찰

일상신학적 성찰이란 무엇인가?

'일상신학적 성찰'(Theological Reflection)이라는 말은 '일상생활의 신학으로 사고하고 생각하기'(Thinking theologically in everyday life)라는 어구로 바꾸어 표현할 수 있습니다. 일상의 경험을 그냥 넘기지 않고 신학적으로 (혹은 성경적으로) 생각하고 정리한 다음, 그 성찰에 근거해서 새로운 경험 혹은 행동을 하는 일련의 작업을 '일상신학적 성찰'이라고 합니다. 한편 어떤 신학적인 주제를 일상생활의 관점에서 반추하고 숙고함으로써 그 주제가 딱딱한 교리가 되지 않고 살아 있고 유익한 교리가 되도록 하는 작업도 일상신학적 성찰이라고 할 수 있을 것입니다.

연구소 사역 초기에 일상의 신학을 정립하기 위해, 조직신학적인 틀을 가지고 일상생활에 대한 신학적 성찰 혹은 숙고(Theological Reflection)를 목적으로 일상생활 신학과 영성 칼럼을 시리즈로 쓴 적이 있습니다.* 그중 일부인 다음의 글 모음이 일상생활 신학의 관점에서 신학적 성찰을 하는 작은 예가 될 것입니다.

---

* 2001년부터 2006년까지 부산 지역 IVF 학사회 대표간사로 섬기면서 매일 학사회 홈페이지에 "범일동에서"라는 칼럼을 썼습니다. 부록 II의 글 모음은 그 시리즈 중 하나입니다.

1. 기독론(그리스도론)

'예수는 그리스도시다'라는 신앙 고백의 참된 의미

초대교회 신앙 고백의 핵심은 '예수는 그리스도시다' 혹은 '예수는 주시다'입니다. 성령 강림 이후 초대 성도들의 삶을 사도행전 5:42은 이렇게 묘사합니다.

> 그들이 날마다 성전에 있든지 집에 있든지 예수는 그리스도라고 가르치기와 전도하기를 그치지 아니하니라

요한이 2세대 그리스도인들에게 쓴 편지인 요한일서 5:1에서도 "'예수께서 그리스도이심'을 믿는 자마다 하나님께로부터 난 자니"라고 말했습니다. 이에 근거하여 칼케돈 종교회의(451년)는 역사적 인물 '예수'의 인성과 신앙의 대상인 '그리스도'의 신성이 '예수 그리스도'라는 고백 안에 하나로 있다고 선언했고, '예수는 그리스도시다!'는 고백, '예수는 참 사람이자 참 하나님이시다'라는 고백은 모든 시대 그리스도인들의 신앙 고백의 핵심이 되었습니다.

문제는 '예수 그리스도'라는 말이 이제는 관용어가 되어버려, 그 깊고 참된 의미를 생각하지 않고 쓰인다는 점입니다. 심지어 '예수는 그리스도'라는 신앙 고백의 핵심을 왜곡하여 잘못 가르치는 사람들(이단들)도 자유롭게 사용하는 말이 되고 말았습니다.

원래 이 고백은, 처음 예수님을 보았고 예수님의 삶과 죽으심을 알았으며 심지어 부활의 소문을 들었던 유대인들에게는 충격적인 말이었습니다. 나사렛 출신이라는 역사적 인물 예수를 '하나님이 보내신 메시아'라고 이야기한다는 점에서, 이 고백은 정말 충격적인 고백이었습니다. '나무에 달려 죽은 자마다 하나님께 저주를 받은 자'(신 21:23)라고 믿었던 사람들에게는 십자가에 달려 죽은 범죄자 예수가 하나님이며 메시아일 수는 없기 때문입니다.

또한 그리스 문화권의 영향을 받았던 헬라 그리스도인들에게도 '예수 그리스도'라는 고백은 꺼림칙한 말이었습니다. 그들에게 심대한 영향을 미치기 시작한 초기 영지주의는 육체를 거북한 것으로, 영혼과 정신은 가치 있는 것으로 여겼습니다. 그렇기 때문에 영적인 그리스도가 육신을 입고 예수로 오셨다든지, 육체로 죽은 역사적 인물 예수가 영이 아니라 육체로 부활했다는 사실을 이해할 수 없었습니다. 그러므로 이들에게도 역사적 인물 예수를 신앙의 그리스도로 받아들이는 것은 어리석고 거부하고 싶은 일이었습니다.

오늘날도 '신앙의 그리스도'는 받아들이면서 '역사의 예수'는 무시하는 경향이 있습니다. 이것은 역사 속에 뿌리 깊이 심겨 있는 영지주의의 영향입니다. 영과 정신은 가치가 있지만 육체는 가치가 없다고 생각하기 때문입니다.

그러나 '예수 그리스도'라는 말은 역사적 예수가 신앙의 그리스도라는 고백입니다. 예수님을 그리스도로 고백하는 신앙은 교회 안에서만이 아니라 교회 밖 세상 속에서도 드러나야 합니다. 이 신앙은 주일뿐 아니라 나머지 6일의 삶에서도 고백되어야 합니다. 그냥 관용어로 "예수는 그리스도입니다"라고 외치는 것이 아니라 실제적으로 우리가 사는 육신과 일상의 삶을 긍정하고, 그 속에서 신앙의 의미를 생각하며, 일상생활 가운데 그리스도의 주되심을 구현해 나가는 삶을 살아야 합니다.

초대교회 유대인들과 헬라인들에게 충격적이며 거부하고 싶었던 고백 '예수는 그리스도'가 오늘날에도 충격이 되려면, 복음과 신앙이 장소적으로 교회 안에만, 시간적으로 특정한 날, 특히 주일 하루에만 갇히지 않도록 우리 스스로 고백에 걸맞은 삶을 살아야 합니다. 몸, 역사, 세상을 긍정하는 일상생활의 신학, 일상생활의 영성, 생활신앙이 회복되어야 합니다.

2. 신론
'창조와 섭리의 하나님'이라는 신앙 고백의 의미

'육체로 오신 그리스도'는 육신적 삶, 이생의 삶, 일상생활을 긍정하는 의미를 담고 있습니다. 인간의 삶을 초월하여 계시는 영원한 창조주 하나님(transcendent God)이, 인간의 삶에 들어오셔서 세상에 내재하시는 분(immanent God)이 된 것입니다. 성자 예수 그리스도는 우리에게 성부 하나님을 보여주기 위해 세상에 오셨습니다. "본래 하나님을 본 사람이 없으되 아버지 품 속에 있는 독생하신 하나님이 나타내셨느니라"(요 1:18).

성부 하나님을 어떤 분으로 알고 고백하는가에 따라 우리의 삶이 달라집니다. 하나님이 세상 혹은 피조 세계와 어떤 관계를 맺으시는가에 대한 생각에 따라 우리의 일상생활이 달라집니다. 하나님이 세상을 만드셨으나 타락한 세상에는 관심이 없는 분이라고 생각한다면 우리도 이 세상에 관심을 가질 필요가 없습니다. 반대로 하나님의 관심이 어디에 있는지 알게 될 때 우리의 관심도 그리로 향할 수 있을 것입니다.

바울이 아테네를 방문하였을 때 이렇게 말했습니다.

> 우주와 그 가운데 있는 만물을 지으신 하나님께서는 천지의 주재시니 손으로 지은 전에 계시지 아니하시고 또 무엇이 부족한 것처럼 사람의 손으로 섬김을 받으시는 것이 아니니 이는 만민에게 생명과 호흡과 만물을 친히 주시는 이심이라(행 17:24-25)

하나님은 '만물을 창조하신 하나님'이며 동시에 그 '만물을 지탱하시는 하나님'입니다. 그리고 이 하나님의 창조와 섭리가 일상생활 신학의 기초가 됩니다. 성부 하나님은 만물을 창조하심으로 세상을 긍정하실 뿐 아니라, 만물이 하나님의 영광이라는 목적을 향할 수 있도록 섭리적으로 지탱하고 돌보시는 것을 통해 만물을 긍정하십니다.

특히 하나님의 형상인 인간에게 만물을 경작하고 다스리도록 문화적 명령(cultural mandate)이 주어졌는데, 인간이 섬기는 행위가 대리적으로 만물을 지탱하고 돌보는, 일종의 하나님의 섭리입니다. 그리고 이 만물을 돌보는 인간의 문화적 행위(culture) 자체가 하나님께 드리는 예배(cult)입니다. 비록 인간이 타락한 후로 섭리적 다스림에도 문제가 생긴 듯 보이지만 하나님은 만물을 구속하시는 돌보심, 섭리를 멈추지 않으십니다. 예수 그리스도와 '하나님의 아들들'의 등장을 고대하는 피조 세계의 신음에 반응하시는 하나님의 구원(롬 8:17-23)은, 하나님이 창조하신 세계, 하나님이 간섭하시고 다스리시는 만물에 대한 집요한 사랑이요 긍정입니다.

우리가 믿는 하나님은 모든 일상적 세계를 포함한 만물을 창조하셨을 뿐 아니라 지탱하며 간섭하고 다스리시는 주(Lord, 주인)이십니다. 이러한 성부 하나님의 주되심(Lordship)에서 벗어난 시공간의 영역은 없습니다.

하나님은 교회당 안에서 이루어지는 예배에서만 주인이신 것이 아니라 교회당 바깥 곧 일상적 삶의 영역(가정, 직장, 사회)에서도 주인이십니다. 하나님은 주일만이 아니라 나머지 6일 동안도 예배 받기를 원하시는 분입니다. 성부 하나님은 공간적으로도 시간적으로도 모든 곳, 모든 시간의 주님이십니다. 하나님의 창조와 섭리에 대한 이해는 우리의 일상적인 삶을 다시 한 번 신학적 숙고(theological reflection)가 필요한 자리로 만듭니다.

3. 성령론
'성령 충만'의 진정한 의미

성령 사역, 성령 운동이 제자 훈련과 성경 공부의 한계(?)를 극복하는 대안이라고 강력하게 주장하는 분들이 있습니다. 성령을 강조하는 것이 새로운 주장은 아닙니다. 교회 역사를 거슬러 올라가면 은사 운동, 오순절주의 운동, 부흥 운동을 거쳐 멀게는 초대교회의 몬타누스주의에 이르기까지, 지난 모든 시대에 성령을 강조하는 사조가 있었습니다. 특히 이름만 그리스도인인 사람들이 많아지는 시기에는 진정한 회심과 거기에 걸맞게 변화된 삶을 강조하기 위하여 성령의 일하심을 자연스럽게 주장할 수도 있습니다. 또한 콘스탄티누스 이후 기독교 세계에서 '예수를 믿을 때 성령을 선물로 받는다'(행 2:38)는 것을 알지 못하는 수많은 명목상의 신자들에게도 성령을 선물로 받고 구체적인 변화를 받으라는 촉구가 필요했습니다.

그런데도 성경을 영적으로 보게 하고 조명하여 깨닫게 하시는 성령님의 사역, 예수 그리스도를 깨닫고 따르게 하시는 성령님의 사역을, 성경 공부나 제자 훈련과 분리하고 대척점에 세우는 것은 잘못된 주장입니다.

일반적으로 한국 교회 안에서 성령의 사역을 이야기할 때면, 성령 하나님이 비상한 상황에서 비상한 방식으로 일하시는 분이라고 여기는 경향이 큽니다. 그리하여 한편으로는 비상한 성령의 사역을 지나치게 강조하고, 다른 한편으로는 이런 강조를 염려하다가 결국 성령 하나님의 일하심을 아예 무시하는 극단의 자세를 취하기도 합니다. 이것이 현재 한국 교회의 상황인 듯합니다.

결국 이런 문제를 극복하려면 성령이 우리의 일상생활에서 경험될 수 있는 분이라는 사실을 성경적으로 확인하여, 일상 속에서 성령의 충만을 경험하는 삶을 이야기해야 합니다.

성령을 성부와 성자에 비해 작게 축소하여 생각하는 사람이 많습니다. 성령을 인간의 지정의(知情意) 중에서 특별히 감정과 관련하여 이해하는 경향도 있습니다. 그래서 성령을 강조하는 움직임은 다분히 감정적 · 열광주의적 경향을 띠기도 합니다.

그러나 성령은 창조의 영인 동시에 구원의 영이며, 새로운 창조 혹은 완성을 이루는 종말의 영이십니다. 따라서 단순히 인간 인격의 단면으로서 지적 · 의지적 · 정서적인 한 부분에만 영향을 미치는 일종의 힘이나 에너지 정도로 이해하거나 가르치는 것은, 삼위 중 한 분이신 성령님을 축소하는 오류를 범하는 것입니다. 인간 안에 내주하며 역사하시는 성령은 교회 공동체 안에서 운행하며 피조 세계 전체를 품고 탄식하는 영이십니다.

그리스도인의 삶은 성령과 동행하는 삶 혹은 성령 안에서 동행하는 삶이라고 표현할 수 있습니다. 성령과 동행하는 삶이 특정한 장소, 특정한 시간에만 국한된다면 그것은 진정한 동행이 아닙니다. 성령 충만은 우리가 채워넣기 위해 애쓰는 무엇이 아닙니다. 우리가 믿고 세례를 받을 때 성삼위 하나님 안에 잠긴 존재가 되었다는 사실을 지속적으로 믿고 기억하는 것입니다. 성령 충만은 교회당 안에서만, 주일 예배 시간 혹은 수련회나 부흥회와 같은 종교적 프로그램 안에서만 경험하는 것이 아닙니다. 매 순간 세상 어느 곳에 있든지 그리스도인이 늘 기억하고 사모하며 경험해야 할, 성삼위 하나님 안에서의 신앙의 실재입니다.

일상적 삶의 자리인 가정과 일터에서 성령 충만을 경험하며 성령과 동행할 때, 성령이 이끄시는 공동체인 교회 안에서 경험하는 성령의 은사 역시 진정한 의미를 가지게 될 것입니다.

4. 인간론
하나님의 형상

지금까지 삼위일체이신 하나님으로부터 일상생활의 신학적 근거를 찾으려는 시도를 해보았습니다. '창조와 섭리의 성부 하나님'에 대한 묵상은 세계의 어떤 영역도 그분의 주권적 사랑에서 벗어날 수 없음을 깨닫게 합니다. '예수 그리스도'라는 제2위 성자에 대한 고백은 영원이 어떻게 인간의 육체 속에서 순간과 만날 수 있는지를 보여주며, 우리가 살고 있는 몸과 세계를 긍정하게 해줍니다. 제3위인 성령은 신자 안에 내주하시는 영인 동시에 세상 어디에나 계시기에 '성령 충만'을 종교적인 영역에만 국한할 수 없습니다.

인간에 관한 최초의 진술인 창세기는, 인간이 하나님으로부터 지음을 받은 존재이며 무엇보다도 '하나님의 형상'으로 지음받았다고 이야기합니다(창 1:26-28). 이것은 인간이 하나님의 주권과 왕권의 대리인으로서 이 세상을 사랑으로 섬기고 다스리는 존재로 세워졌다는 말입니다. '생육하고 번성하며 다스리라'는 '문화적 명령'(The Cultural Mandate)은 '하나님의 형상'이라는 인간의 존재론적 근거와 깊이 결부되어 있습니다. 삼위 하나님의 형상인 인간은 당연히 본체인 삼위 하나님이 그렇게 하시듯 세상과 그 속에서 일어나는 일상생활을 긍정하며 일해야 합니다.

'땅을 경작하다'(cultivate)라는 말과 '문화'(culture)라는 말은 '예배하다'라는 의미가 담긴 'cult'라는 어근을 공유하고 있습니다. 하나님의 형상인 인간이 하나님이 만드신 피조 세계를 위하여 행하는 모든 행위가 곧 하나님을 예배하는 것입니다. 비록 타락으로 인해 인간의 행위인 문화마저 일그러지고 타락의 영향을 받았지만, 피조 세계에 대한 하나님의 사랑과 관심은 끝이 없으셨습니다.

삼위 하나님이 만물을 구속하시려는 계획은 피조 세계와 문화까지 구속하는 총체적인 구원입니다. 하나님은 예수 그리스도를 통하여 피조 세계와 만물을 구속하시고, 하나님의 자녀들이 원래 하나님의 형상, 곧 하나님을 예배하는 방향을 회복하도록 하십니다. 인류의 타락으로 틀어진 방향을 삼위 하나님이 다시 제자리로 돌리셨습니다. 그러므로 인간의 삶 전체를 일컫는 문화, 즉 일상생활을 포함하는 모든 인간 삶의 정황이 하나님을 예배하는 방향으로 가느냐 아니면 다른 방향을 향하느냐가 관건입니다.

인간의 자아를 구성하는 요소를 말할 때, 대개 그리스 철학의 이원론 영향을 받아 이분설(영혼과 육신) 또는 삼분설(영·혼·육)을 이야기해 왔습니다. 이를 그림으로 표현하면 영혼을 원의 가운데 두고 육신이 그 영혼을 둘러싸서 가두고 있는 형국일 것입니다.

그런데 달라스 윌라드는 《마음의 혁신》에서 이와는 다른 그림을 제공합니다. 그는 영혼을 원의 제일 바깥에 두고 이 영혼이 인간의 다른 모든 차원을 통합하고 하나의 전체적인 인격을 이루는 것으로 표현했습니다. 영혼이 마음(심령·의지), 생각(사고·감정), 몸, 사회적 정황 등을 통해 인간의 광활한 환경인 하나님과 관계하고, 피조 세계와 관계하는 것으로 본 것입니다. 그리고 영혼을 전인(全人)을 아우르는 인간 자체로 이해한다면, 하나님의 지배하에 있는 영혼(인간)의 행동은 그 삶 전체로 영원한 삶(영생, 하나님의 생명)을 누리게 되고 그 인간이 하는 모든 일은 영원히 중요하여 영원 속에 간수됩니다.*

달라스 윌라드의 이러한 인간 이해는 성경이 말하는 인간 이해에 근접합니다. 인간이 그 영혼의 기능으로 하는 일은 거룩하고 그 육신의 기능으로 하는 일은 그렇지 못하여 속되다는 생각은, 이처럼 인간에 대한 본질적 이해의 변화로 달라질 수 있을 것입니다.

5. 구원론(1)−죄론
죄의 일상성

지금까지 우리는 일상생활의 신학을 구성하고 성찰하기 위해 삼위일체 하나님과 삼위 하나님의 형상으로서 인간 존재가 일상생활과 어떤 관계가 있는지 살펴보았습니다. 여기서 저는 특별히 삼위 하나님의 창조신학이 일상생활의 신학을 구성하기 위해 충분히 강조되어야 한다고 봅니다.

세상, 시간과 공간, 그리고 인간을 포함하여 하나님이 지으신 모든 피조 세계를 긍정하는 관점이 중요합니다. 창조의 신학과 구속의 신학은 동전의 양면처럼 서로를 필요로 합니다. 창조의 신학에 대한 부

---

* 달라스 윌라드, 윤종석 옮김,《마음의 혁신》, 복 있는 사람, 2003, 60-67.

적절한 견해(예를 들면, 이원론적 견해)를 가지고 구속의 신학을 구성하면, 하나님의 구원의 통전성(wholeness)을 드러내지 못하고 하나님의 구원을 작고 왜소하게 만듭니다. 거꾸로 말하면, 구속의 신학에 대한 잘못된 접근이 창조의 신학까지 왜곡시킨다는 말입니다.

이런 점에서 인간의 죄의 기원과 그 결과로 말미암은 인간의 곤경, 그리스도의 성육신과 십자가와 부활, 그리고 성령 하나님의 사역인 인간 구원의 적용 등을 다루는 구원론 역시 일상이란 주제와 어떻게 연관이 되는지를 탐구하는 것이 일상생활의 신학을 구축하는 데 중요한 문제가 될 것입니다.

죄의 기원인 아담과 하와의 타락 사건을 보면, 우리는 죄가 매우 일상적인 계기(먹음직하고 보암직하고 탐스러운 것을 먹어보려는 욕구)를 통해 일어난다는 것을 확인하게 됩니다. 대개 죄를 특별한 것, 종교적인 것으로 다루지만 죄는 대부분 매우 일상적인 세계 속에서 우리가 경험하는 실재입니다. 그래서 예수님은 살인 혹은 간음이 우리가 일상 속에서 느끼는 미움이나 음욕을 통해 얼마든지 현실이 될 수 있음을 이야기하신 것입니다(마 5:21-32).

죄는 근본적으로 하나님과의 관계 문제입니다. 죄는 스스로 하나님이 되려는 것입니다. 죄가 하나님과의 관계 곧 영혼의 문제라고 말하는 것과, 죄는 일상생활 속에서 경험하는 것이라는 말은 서로 배치되지 않습니다. 앞서 인간론에서 보았듯이 영혼은 한 인격, 전인을 의미하는 것이므로 영혼의 문제란 하나님의 형상을 회복하였는가 아닌가 하는 것, 하나님을 향해 있는가 아닌가 하는 것처럼 방향의 문제입니다.

구조적으로 육체, 몸, 세상은 죄와 관련이 있고, 영혼과 정신은 선하고 불멸한다고 생각하는 것은 죄와 구원에 대한 바른 이해가 아닙니다. 죄는 오히려 방향의 문제입니다. 전인격으로서의 영혼이 하나님을 향해 있는가 아니면 하나님을 등지고 있는가 하는 것이 중요합니다. 그리고 이것은 가장 일상적인 삶에서 드러나고 반영됩니다. 가장 일상적인 것이 가장 영적인 것이 될 수 있습니다. 이와 마찬가지로 가장 일상적인 것을 통해 우리가 죄를 경험합니다.

죄의 일상성에 대한 자각은 우리를 죄에 더욱 민감하게 만듭니다. 죄를 깨닫고 회개하는 행위는 특정 장소와 특정 시간에만 국한될 수 없습니다. 죄의 일상성을 안다면 매순간 마치 호흡하듯이 죄를 뱉어내고 성령으로 충만해야 합니다. 죄의 일상성에 대한 이런 자각은, 은혜를 깨달은 자에게는 은혜의 일상성에 대한 자각으로 연결되는 통로가 될 것입니다.

6. 구원론(2)—이신칭의

믿음의 일상성, 은혜의 일상성

앞의 글에서 '죄의 일상성에 대한 자각'은 바로 '은혜의 일상성에 대한 자각'으로 연결된다고 이야기하였는데 이에 대해 생각해보겠습니다.

저희 집에는 "오직 의인은 믿음으로 말미암아 살리라"라는 글이 쓰인 나무 현판이 마치 가훈처럼 걸려 있습니다. 바울이 로마서 1:17에서 하박국 2:4 하반절을 인용한 말씀이고, 마르틴 루터의 개신교 종교개혁의 출발점이 된 말씀입니다. 이 말씀에 근거한 '이신칭의' 교리는 종교개혁 이후 개신교의 간판 교리가 되었으며, 신학과 신앙을 지배하는 제1원리가 되었다고 해도 과언이 아닐 것입니다.

문제는 이 교리가 담고 있는 전체 정신과 그 풍성함을 상실한 채 기계적이고 단선적인 해석과 적용을 하여, 오히려 교회와 신앙을 날마다 새롭게 한다는 개혁교회의 원리를 무색하게 하는 지경에 이르렀다는 점입니다. 그리하여 '오직 믿음'이라는 종교개혁의 원리는 신자들로 하여금 개인의 구원에 착념하거나 만족하게 만들고, 일상생활의 삶에서 의로움과 신실함을 추구하지 않아도 면죄부를 주는 일종의 이데올로기가 되어버렸습니다. 말하자면 칭의가 정의와 상관이 없어지고 믿음은 자기 암시 혹은 그 자체로 구원을 가능하게 하는 공로가 되어버리는 현상이 나타났다는 것입니다. 무엇보다도 이 개혁의 원리가 일상생활, 생활세계, 인간의 모든 생애의 순간과 괴리되어 단순히 구원의 서정(ordus salutis)을 논하는 자리에서만 중요하게 취급되고 있다는 사실이 매우 안타깝습니다.

이신칭의 교리는 믿음으로 의롭다 하심을 받아 의인이 된다는 기본적인 구원론적 진술을 넘어서야 합니다. 믿음으로 의롭다 하심을 받은 의인으로서 일상생활을 어떻게 믿음으로 살아갈 것인가에 대한 결단으로 연결되어야 합니다. 믿음의 일상성이 필요하다는 것입니다.

구원에서 삼위 하나님이 하시는 일과 인간 편에서의 반응을 각각 '은혜'와 '믿음'으로 요약할 수 있습니다. 우리의 믿음이 먼저가 아니라 삼위 하나님의 은혜가 먼저라면, 믿음의 일상성은 하나님 은혜의 일상성을 전제하지 않고는 불가능합니다. 사실 하나님의 은혜는 단순히 인간 개인의 구원을 넘어서 창조 세계의 모든 영역에 두루 퍼져 있습니다. "공중의 새를 보라 심지도 않고 거두지도 않고 창고에 모아들이지도 아니하되 너희 하늘 아버지께서 기르시나니 너희는 이것들보다 귀하지 아니하냐(마 6:26).

우리 인간은 하나님의 은혜 없이는 한순간도 생존할 수 없습니다. 우리가 살고 있는 이 우주와 피조 세계 역시 하나님의 은혜로 지탱되고 있습니다. 모든 시간과 모든 공간, 모든 피조 세계가 하나님의 은혜로 지탱되기 때문에, 우리가 설교를 들었을 때나 좋은 집회에 참석

했을 때만 '은혜 받았다'라는 말을 사용하는 것은 우스운 일입니다. 하나님의 은혜를 영적인 활동의 공간이나 시간으로 제한하는 것은 우리가 믿는 하나님을 작은 하나님으로 납작하게 만드는 행위입니다. 단순히 교회 생활이나 종교적인 현장에서만이 아니라 우리의 일상생활 속에서 하나님의 은혜를 발견하는 민감성이 필요합니다. 은혜와 믿음은 일상생활 속에서 누리는 하나님의 선물입니다.

7. 은혜의 방편들
성육신의 관점에서 생각하는 성경, 성례

성탄절은 이 땅에 육신의 몸을 입고 아기로 오신 성자 예수님의 성육신을 기념하는 날입니다. 아들이신 하나님이 인간의 육신을 입은 성육신의 사건이야말로 기독교 복음과 교리에 있어서 가장 중요한 기초가 될 뿐 아니라 일상생활의 신학과 영성에서도 결정적인 가치를 지닙니다. 이 성육신의 원리(완전한 하나님이신 분이 완전한 인간이 되셨다)는 '은혜의 방편'이라고 일컬어지는 두 가지 주제, 즉 성경과 성례(세례와 성찬)를 이해하는 데 매우 중요합니다.

우선 성경은 하나님의 말씀인 동시에 인간의 언어입니다. 하나님이 자신을 계시하여 보여주시기 위한 수단으로, 천상의 언어나 환상, 환청 등과 같은 비밀스럽고 영적인 통로가 아니라 한계가 많고 한심하게 여겨지는 인간의 말과 글이라는 매체를 사용하신 이유가 무엇일까요? 그것은 하나님이 이 땅을 살아가며 말과 글을 사용하는 우리 인간들과 진정한 의사소통을 원하셨기 때문입니다.

이런 점에서 예수님의 신성과 인성을 말하는 양성교리 중 어느 하나를 부인하면 안 되는 것처럼, 성경 역시 신적인 책이라는 사실을 부정하거나 반대로 성경이 인간 저자의 글이라는 사실을 부정해서는 안 됩니다. 거기서 잘못된 신학, 잘못된 영성, 잘못된 삶이 나옵니다. 특히 성경이 인간 저자의 일상생활과 깊이 결부되어 있으며 일상적인 주제를 다루고 있다는 사실을 무시하고 모든 것을 무조건 영적으로 해석하려는 태도는 교회사 속에서 그 해악이 매우 컸고, 오늘 우리 시대에도 경계해야 할 대상입니다.

우리가 성경을 통해 하나님의 은혜를 누릴 수 있는 것은 한편으로는 은혜의 선물을 주시는 성령 하나님이 성경의 저자시기 때문이며, 다른 한편으로는 그것을 우리가 은혜로 이해하고 누릴 수 있도록 일상의 상황 가운데 인간적인 일상의 언어로 우리에게 알려주시기 때문입니다.

다음으로 성례를 생각해봅시다. 개신교회는 두 가지 성례를 인정합니다. 신앙을 출발할 때 받는 세례와 신앙을 지속하면서 누리는 성찬입니다. 세례와 성찬, 즉 성례라는 일종의 드라마 혹은 퍼포먼스를 통해 개인과 공동체는 큰 유익과 은혜를 누립니다.

그런데 성례를 행하라고 명령하신 주님은 세례와 성찬을 천상적인 소재와 방식으로 행하라고 하지는 않으셨습니다. 오히려 가장 일상적인 소재와 가장 일상적인 방식으로 은혜를 누리도록 하셨습니다. 이것을 놓치면 성례가 이상한 방향으로 흐를 수 있습니다.

먼저 세례에 사용된 물을 생각해봅시다. 요단 강에서의 세례나 사도행전에서 빌립이 간다게의 내시에게 베푼 세례를 보면, 따로 미리 준비하거나 거룩하고 특별한 성수를 사용하지 않았습니다. 그저 요단 강 물이었고 길 가다가 발견한 물이었습니다. 성찬에 사용한 빵과 포도주 역시 일상적인 식사 혹은 일상적인 유월절 식사 때 쓰던 빵과 포도주였습니다. 예수께서 처음 행하셨던 성찬 역시 금장을 두르거나 값비싼 보석을 박은 접시나 잔을 사용하지 않으셨을 것입니다. 가장 일상적인 소재가 가장 거룩한 소재가 되도록 하셨을 것입니다. 주님은 이렇게 가장 일상적인 소재를 가지고 신앙을 출발하고 그 신앙을 지속하는 은혜를 누리도록 하셨습니다.

이렇듯 가장 높으신 하나님의 아들이 가장 일상적인 삶의 자리로 오신 성육신의 신비가, 가장 일상적인 도구를 사용하여 가장 거룩한 은혜를 누리게 하시는 방편인 '聖'경과 '聖'례 속에 들어 있음을 발견하게 됩니다.

8. 교회론

주일 예배와 일상 예배의 역학

젊은이들이 교회를 떠나고 있습니다. 주변의 교회를 살펴보십시오. 대부분의 교회가 어린이, 학생, 젊은이들을 잃고 장년 성도를 위한 교회 혹은 노년 성도를 위한 교회로 변하고 있습니다. 물론 이런 현상에는 다양한 원인이 있을 것입니다. 그렇지만 부흥회다 수련회다 캠프다 성경학교다 하면서 일시적이고 영적 허구에 가까운 체험을 강조할 뿐, 매일매일 삼위 하나님과 동행하며 오랜 훈련과 순종의 걸음을 걷는 제자의 삶을 가르치지 않기 때문이 아닐까 생각합니다.

거듭 강조하지만, 무엇보다 신앙을 주일, 예배당, 예배 시간, 찬양 시간에만 가두어두고 평일, 세상, 일상생활, 허드렛일에서는 세상이 추구하는 가치관에 따라 살아가는 이원론적 신앙이 문제입니다. 이런 이원론적 신앙 행태 때문에 젊은이들은 기독교 신앙이 세상과 일상생활을 살아가는 데 적절하지 않고 이중적이며 일관성도 없다고 판단하는 것이 아닐까요. 이런 문제를 해결하기 위해서는 젊은이들로 하여금 주일의 사람들이 아니라 월요일의 사람들이 되게 해야 합니다.

월요일은 사람들에게 무엇입니까? 월요병이라는 말이 왜 생겼을까요? 일반적으로 월요일은 부담스러운 날입니다. 휴일이 주는 즐거움과 편안함과 대비되어, 월요일이 되면 만나야 하는 일과 사람 사이의 불편한 관계가 부담스럽기 때문일 것입니다. 그렇다면 그리스도인들에게 월요일은 무엇입니까? 대개 일반인들보다 부담을 훨씬 많이 느낍니다. 주일을 '죽일'이라고 할 정도로 많은 그리스도인들이 일요일이면 교회에서 몸과 마음을 소진하기 때문입니다. 그렇다고 공동체를 위한 수고를 그치라고 말하기도 쉽지 않습니다. 교회 공동체마다 성도들의 수고가 필요하기 때문입니다.

그러면 어떻게 해야 그리스도인들이 '월요일을 기다리는 사람들'이 될 수 있을까요?

주일의 에클레시아(모임)가 평일의 디아스포라(흩어짐)를 위한 전략적 쉼과 충전의 시간이 되려면 먼저 교회의 총체적인 접근이 필요합니다. 교회에 모였을 때는 디아스포라로 흩어져 사는 일상생활의 삶, 나머지 6일의 삶을 위한 메시지와 나눔이 풍성해져야 합니다. 모임의 빈도나 모임의 숫자로 교회의 건강함을 평가하려는 구태를 벗어버려야 합니다. 진짜 교회가 건강하려면 성도들이 월요일의 사람들이 되도록 구비하고 파송하여야 합니다. 주일의 예배가 일상생활의 예배로 연결될 수 있도록 상상력을 자극하여야 합니다.

여기서 '우리의 모든 일상적 삶이 하나님께 드리는 예배라면, 굳이 교회에 나가 예배를 드릴 필요가 있는가?' 하는 질문이 있을 수 있습니다. 이런 생각은 우리가 '세속적 일원론'에 빠지게 만들어 마침내 방향을 잃어버리게 합니다.

흩어짐과 모임, 디아스포라와 에클레시아의 역동을 잘 이해해야 합니다. 공동체로 혹은 개인으로 삼위 하나님의 존재로 들어가 하나됨을 누리는 시간은 우리가 보냄 받은 삶의 예배를 더 변혁적으로 만듭니다. 자칫 놓치기 쉬운 분별력을 날카롭게 만들고 거룩함을 유지하게 해주며 방향을 잃지 않게 합니다. 그렇기 때문에 주일의 '함께하는 모임'과 나머지 6일의 '흩어져 드리는 삶의 예배' 사이에 반드시 균형과 역동이 필요합니다. 교회는 디아스포라를 위한 에클레시아입니다.

9. *Christos Anesti!* (그리스도께서 살아나셨다!)

부활절과 몸의 부활

"그는 살아나셨고 여기 계시지 않는다!"

이 외침은 천사가 무덤을 찾아온 여인들에게 한 말입니다. "그리스도께서 살아나셨습니다!"라는 외침은 지난 2천 년간 교회가 부활을 기념할 때마다 외치는 고백이 되었습니다. 이 환호, 이 외침이 부활절 하루에 그쳐서는 안 되는데도, 부활의 외침은 성탄절보다 더 빠르게 힘을 잃어버리는 것 같습니다.

사실 부활절 직전까지는 사순절이다 혹은 고난주간이다 하면서 어떤 활동이나 프로그램으로 분주하다가도, 부활절만 지나면 갑자기 아무 일도 없었던 것처럼 급격하게 일상사로 돌아가버리는 것 같습니다. 성령강림절과 맥추절의 관계와 함께 한국 개신교회의 뿌리 없음과 천박함(?)을 드러내는 대표적인 사례라고 할 수 있습니다. 교회력을 부분적으로 또 편의적으로만 활용하기 때문입니다.

바라건대 부활절 이후의 기간에는 부활의 의미를 더 깊이 묵상하며 살면 좋겠습니다. 부활, 특히 몸의 부활이 매일의 삶과 일상생활에서 마주하는 고통과 악의 문제에 어떤 의미를 가져다주는지 숙고하며 살아간다면 일상의 삶이 달라질 것입니다.

'몸의 부활'을 믿는 믿음은 '영혼불멸 사상'과는 다릅니다. 부활이 단지 정신적인 의미로만 남아 있고 단지 영적인 것으로만 이해된다면, 부활의 신앙은 여기 우리가 살아가는 일상생활에서 경험하는 악의 문제들, 곧 고난이나 죽음에 아무런 대답이 되지 못합니다. 부활을 정신적이고 영적인 것으로만 이해하면, 이 땅에서의 일상생활은 가치가 없고 다만 영혼이 죽지 않고 영원히 사는 것이므로, 굳이 고난과 죽음, 악의 문제들을 대하면서 의로운 분투를 할 이유도 필요도 상실하고 맙니다.

그러나 고린도전서 15장에서 바울이 이야기하는 '몸의 부활'은, '영혼'만 가치 있고 의미가 있다는 이원론적 생각을 배격하고 '몸'으로 대변되는 우리의 일상적인 삶을 긍정합니다. '몸의 부활'을 믿는 자들이라면 매일 우리 몸으로 경험하며 살아가는 일상을 가볍게 여기지 않을 뿐 아니라, 일상생활 가운데 어떤 어려움이 있어도 믿음으로 의로운 삶을 추구하며 살 수 있는 든든한 근거를 갖고 있습니다. 예수 그리스도께서 몸의 부활을 경험하심으로써 자신의 말과 삶이 참되다는 것을 증명하신 것처럼, 몸의 부활을 믿는 성도들 역시 부활을 통해 하나님이 신원해주시리라 믿고 악의 문제와 고난 속에서도, 심지어 죽음 앞에서도 담대하게 의로운 삶을 선택할 수 있을 것입니다.

"*Christos Anesti! Alethos Anesti!*"(그리스도께서 사셨습니다. 진실로 그가 사셨습니다!)

이 외침은 부활절 이후를 살아가는 우리의 일상생활을 향한 결단의 외침이며 울림입니다.

10. 발 빠른 하나님 vs. 느려터진 하나님

일상생활의 영성은 일상생활에서 함께하시는 삼위 하나님과의 관계입니다. 그런 점에서 하나님을 어떤 분으로 이해하는가는 일상생활의 영성에서 매우 중요한 문제입니다.

소위 근육질적 기독교(콘스탄티누스주의 기독교)는 하나님의 즉각적인 능력을 기대하는 경향이 있습니다. '믿으면 복 받는다'라는 식의 주장을 신앙적 상식이라 여기며 하나님은 언제나 발 빠르게 우리를 위해 일하신다고 주장하는 것은, 그리스도인들의 일상 경험과 괴리된 딴

세계를 이야기하는 것이며, 성경이 이야기하는 하나님과도 거리가 멉니다.

물론 하나님도 때로 발 빠르게 움직이십니다. 출애굽 하던 시절이나 엘리야나 엘리사 선지자를 통해 일하실 때, 신약의 오순절 사건이나 바울의 회심 장면에서, 하나님은 발 빠르게 움직이며 그 능력으로 자신을 나타내 보여주십니다. 그렇기 때문에 발 빠른 하나님을 기대하는 것 자체가 문제 되지는 않습니다.

여기서 문제는 하나님 백성의 일상이 이런 발 빠른 하나님을 경험하기보다는 시쳇말로 느려서 복장 터지게 하는 하나님을 경험하는 장이라는 사실입니다. 아브라함과의 언약 관계 속에서 하나님이 그러셨고, 이스라엘의 역사가 대부분 그랬습니다. 무엇보다도 우리가 실제로 경험하는 일상생활이 그렇습니다. 시편의 많은 부분은 이런 느린 하나님에 대한 영성적 반응의 표현입니다.

베드로후서 3:8-9에서 베드로 사도는 "사랑하는 자들아 주께는 하루가 천 년 같고 천 년이 하루 같다는 이 한 가지를 잊지 말라 주의 약속은 어떤 이들이 더디다고 생각하는 것 같이 더딘 것이 아니라 오직 주께서는 너희를 대하여 오래 참으사 아무도 멸망하지 아니하고 다 회개하기에 이르기를 원하시느니라"라고 말합니다. 베드로가 'The Lord is not slow!'라고 외친 것은, 그 당시 성도들이 하나님을 느린 분이라고 생각하는 상황이 있었다는 의미일 것입니다. 그렇기 때문에 주님의 빠름과 느림은 우리의 빠름과 느림과는 차원이 다르다는 이야기를, 베드로는 하루가 천 년 같고 천 년이 하루 같다고 표현하고 있습니다.

바울도 그렇습니다. 로마서 9장에서 11장까지 자기 민족 이스라엘의 구원 문제를 설명하던 바울이, 마지막 부분에서 독자들에게 하는 이야기를 들어봅시다.

> 하나님이 모든 사람을 순종하지 아니하는 가운데 가두어두심은 모든 사람에게 긍휼을 베풀려 하심이로다 깊도다 하나님의 지혜와 지식의 풍성함이여, 그의 판단은 헤아리지 못할 것이며 그의 길은 찾지 못할 것이로다 누가 주의 마음을 알았느냐 누가 그의 모사가 되었느냐 누가 주께 먼저 드려서 갚으심을 받겠느냐 이는 만물이 주에게서 나오고 주로 말미암고 주에게로 돌아감이라 그에게 영광이 세세에 있을지어다 아멘(롬 11:32-36)

이해할 수 없는 하나님, 헤아릴 수 없는 하나님의 경륜과 지혜를 좁은 인간의 마음으로 왈가왈부하는 것이 우습게 여겨지는 고백입니다.

이 시대에 전 세계와 전 세대에 복음이 전파되기를 기대하는 것은 나쁜 일이 아닙니다. 그러한 소망 자체가 문제인 것도 아닙니다. 다만 예루살렘을 향하여 행진하고, 낙태를 일삼는 의사들과 유전자 조작을 꿈꾸는 과학자들을 응징하며, 조국 교회가 '우리 시대'에 부흥을 경험해야 한다고 주장하면서 정작 성경과 우리의 신앙적 일상과 교회사적 여정을 성찰하지 않고 그저 발 빠른 하나님만 기대하며 근육질적 기독교를 표방한다면, 이것만큼 신앙을 왜곡하고 성경을 뒤틀리게 하는 것이 없다고 감히 말할 수 있습니다.

느려터진 하나님의 지혜를 인정하고 그 깊이에 머리를 숙이는 이들만이 겸손을 알고 융통성을 이해하며 관용할 줄 아는 백성, 선교하시는 하나님의 선교하는 백성이 될 수 있다고 확신합니다. 우리의 일상은 발 빠른 하나님과 동시에 느려터진 하나님을 경험하고 그분과 관계하는 현장입니다.

11. 종말론
'이미'와 '아직' 사이의 일상생활과 하나님 나라

종말을 과도하게 강조하거나 반대로 종말이 절대로 일어나지 않을 것처럼 사는 삶은, 초대교회 이후 교회의 역사에서 반복적으로 나타났습니다. 특히 세기말이면 종말을 지나치게 강조하여 일상을 등한시하게 했고, 그러다 그 시간이 지나면 마치 종말이 없는 것처럼 다시금 일상에 매몰되어 살았습니다.

엄밀한 의미로 성경이 말하는 '마지막 날' '그날' '말세' 그리고 '종말'은 마치 멀리서 산을 보는 것과 같습니다. 멀리서 종말이라는 산을 보면 하나로 보이지만, 종말이라는 거대한 산을 경험해보면 다양한 꼭대기와 무수한 골짜기로 구성된 지리산과 같다고 할 수 있습니다. 이 다양한 산들의 집합 중에 가장 높은 산이 멀리서 보는 산의 윤곽을 형성할 것입니다.

성경에서 이야기하는 종말이라는 산의 가장 높은 꼭대기는 예수님의 초림과 재림입니다. 결국 종말은 예수님의 초림으로 이미 시작되었으며 그와 동시에 아직 임하지 않은 재림의 날, 이 둘 사이를 다 아우르는 시기를 일컫는 말입니다. 이 종말의 시기는 예수 그리스도로 인해 '이미' 도래했지만, 성자 예수께서 그 권세와 영광을 완전히 성부 하나님께 돌려드릴 때까지 '아직' 불완전한 형태로 경험되고 있으며, 이것은 이미 도래한 하나님 나라와 아직 완전한 형태로 도래하지 않은 하나님의 통치 개념과도 같습니다.

하나님 나라, 인자의 때, 종말에 대한 태도에 따라 우리의 운명이 달라질 것입니다. 종말에 과도하게 관심을 가지고 있어 현재 '이미' 임한 하나님 나라를 무시하며 일상의 삶 속에서 하나님의 통치를 받는 것에도 관심이 없는 사람의 운명과, 그 반대로 일상의 삶에 매몰되어 자신의 목숨을 보존하느라 아옹다옹 살면서 '아직' 완성된 형태로 도래하지 않은 하나님 나라에 대해서는 종말론적 관점이 없이 사는 사람의 운명은, 이 둘 사이의 긴장 가운데 있는 종말론적 신앙을 가지고 사는 사람의 운명과는 분명 다를 것입니다.

균형 잡힌 신앙의 바로미터가 여기 있습니다. 균형 잡힌 종말론, 하나님 나라의 '이미'와 '아직'의 두 긴장 관계를 함께 의식하며 일상생활을 살아가야 합니다. 우리 모두가 종말에 대해 빠지기 쉬운 두 가지 오류를 극복하고 일상생활 속에서 진정한 종말론적인 신앙을 회복할 수 있기를 소망합니다.

부록 Ⅲ.

'개인과 그룹을 위한 기초 성경 공부' 표 작성 예시

1장 관점 일상신학 생활신앙의 패러다임 전환

예레미야 1:1-10	출신 성분	부르심
직종	아나돗의 제사장	여러 나라의 선지자
역할	자기 민족을 위한 종교적 지도자 역할	고대의 세계화 속에서 여러 나라를 위한 메신저
관점(패러다임)	이스라엘 민족주의적, 종교적, 성전, 제사장, 제사 행위 중심적	이스라엘(성전, 제사장, 제사)을 넘 어 온 세상의 흥망성쇠에 관심 있음

2장 사역 일상이 곧 사역이다

스가랴14:20-21	구약 시대	"그날이 오면"
"여호와께 성결"이 새겨진 곳은 어디인가?	대제사장이 머리에 쓰는 관 앞쪽에 매는 순금패	말 방울
거룩한 기구(그릇, 솥)로 사용할 수 있는 것은?	성막 안에 있는, 특별하게 구별된 순금 그릇·기구	성전 안뿐 아니라 예루살렘과 유다의 모든 솥
거룩·예배의 시공간은?	성막·성전에서 구별을 통해 거룩을 배워 모든 일상생활에 거룩을 적용함	모든 시간, 모든 공간

3장 복음과 구원 일상생활을 위한 복음

로마서 8:18-23	창조신학	구속신학(전통적)
구원의 범위	피조 세계, 몸	인간 개인, 영혼
(의미 있는) 시간	매일, 나머지 6일, 평범한 시간	주일, 예배 모임 시간
(중요한) 공간	하나님이 만드신 우주 모든 공간	교회당, 모임 공간
(강조되는) 행위	일상적인 모든 행동	예배, 찬양, 종교적 행위
교회의 강조	흩어짐(디아스포라)	모임(에클레시아)

4장 신학 거짓 가르침과 일상생활의 신학

디모데전서 4:1-5	귀신의 가르침	성경적 관점
물질과 육체에 관한 태도	혼인을 금하고 어떤 음식물은 먹지 말라	하나님이 지으신 모든 것이 선하다
삶 · 윤리에 대한 입장	금욕주의 · 쾌락주의	거룩
신앙 행태	율법주의 · 신비주의	참된 영성

5장 영성 삼위일체 신앙과 일상생활의 제자도

채움인가 잠김인가?	세례	그리스도인의 일상 삶
마태복음 28:19	성부와 성자와 성령의 이름으로 세례 (성삼위 존재 안으로 잠김)	해당 묘사가 없음
로마서 6:1-4	예수와 합하여, 그의 죽으심과 합하여 세례를 받음, 세례를 받음으로 그와 함께 장사됨	우리로 또한 새 생명 가운데서 행하게 하려 함
에베소서 2:5-7	그리스도와 함께 살리셨고, 함께 일으키사(세례 용어)	함께 하늘에 앉히시니
골로새서 3:1-4	그리스도와 함께 다시 살리심을 받았다	그리스도와 함께 하나님 안에 감추어졌음이라

6장 교회 일상 교회, 미션얼 교회

요한복음 17:18-23	삼위하나님	제자 공동체(교회)
내부적 관계(존재)	안에, 하나	안에, 하나
외부적 사역(활동)	세상에 보내심 세상으로 믿게 함	세상에 보냄 세상으로 알게 함